Thael Boost

SATURATION

Éditions Anne Carrière

De la même auteure

Roman

La Mère à côté, Anne Carrière, 2022

ISBN : 978-2-3808-2302-8

www.anne-carriere.fr

À Gustave, aux absents.

« Avec ce masque riant que vous me connaissez, je cache à l'intérieur le chagrin, l'amertume et une tristesse qui s'attache au cœur comme un vampire. »

Gustave Courbet

« Courbet, c'est mieux que tout. »

Édouard Manet

« Et la neige, il a peint la neige comme personne ! »

Paul Cézanne

« Jusque-là, le peintre était un monsieur à la solde d'un roi ou d'un empereur, ou même d'un groupe de collectionneurs. Mais du jour où Courbet a commencé, c'est devenu le contraire. Il a dit : "Je fais un tableau Monsieur le Collectionneur vous pouvez le prendre ou ne pas le prendre, je ne le changerai pas, c'est à vous de vous soumettre à mes volontés." »

Marcel Duchamp

1

Le désespéré

La première fois que je te vois, tu erres dans ce que vous appelez une grande surface. Les livres y côtoient du poisson, des fruits, du vin, l'opulence et la misère. Ce mélange d'odeurs, d'objets, un monde à lui tout seul. J'étais loin d'imaginer que l'on puisse se croire au paradis et en enfer en un seul et même lieu. Des rayonnages à n'en plus finir, un étourdissement de bruits et de sollicitations. Certes, les grands magasins avaient commencé à fleurir dès mes années 1850, sur les grands boulevards parisiens, mais les surfaces utilisées étaient loin d'égaler ce que sont devenus ces centres commerciaux concentrant la quintessence de la surconsommation. Les clients zombies déambulent avec une *chariote* en métal, dans un dédale immonde, au fond sonore abrutissant, rendant impossible toute tentative de pensée claire et structurée autre que dépenser, dépenser et encore dépenser.

Sans doute aurais-je aimé peindre les visages éreintés des caissières face aux caddies vomissant leur contenu sur les tapis roulants.

Au rayon livres, papeterie, jouets, trône une tête de gondole – cette expression ne peut être plus éloignée de Venise et ses canaux que le réel du factice.

Tu saisis un livre de Guy de Maupassant, *Le Horla*, mon visage sur la couverture, je fixe un point derrière toi, le désespoir accroché à mon regard. Je t'observe m'observer. Je traîne ma tristesse, tu sembles entendre l'appel au secours de mes yeux fous. Tu me contemples comme si l'on se connaissait, comme si tu m'appelais. Est-ce toi qui m'as sorti de la tombe, fait revenir d'entre les morts ? Est-ce que la perspective de ta propre mort t'effraie déjà ? Tu es encore si jeune, presque une enfant. Je sais peu de chose sur ce qui m'a rappelé ici, mais je suis certain que ce que tu cherches avant tout c'est un ange gardien, un guide spirituel qui ne t'imposerait surtout pas quoi penser et t'aiderait à t'affranchir. Sans doute est-ce cela qui nous lie, ce goût pour la liberté qui m'a fait écrire « Quand je serai mort, il faudra qu'on dise de moi : "Celui-là n'a jamais appartenu à aucune école, à aucune église, à aucune institution, à aucune académie, surtout à aucun régime, si ce n'est le régime de la liberté !" »

Ha ha, j'étais arrogant et bien naïf quand j'ai formulé cette phrase. La vérité c'est que l'humain ne supporte pas que l'on sorte du cadre, revendiquant à la fois sa singularité et sa conformité. Il faut être catégorisé, rangé, étiqueté, comme dans ces allées du labyrinthe d'une grande surface, qui peuvent aisément rivaliser avec l'*Enfer* de Dante. Impossible de réchapper à cette labellisation. Maigre consolation, on me considère comme le père du réalisme. L'ironie de la situation ! Tout ce que je voulais, c'était montrer ce que je voyais, j'en avais soupé de ces scènes mensongères glorifiant une religion ou un passé dont nous ne connaissons qu'une seule version, celle du vainqueur. Je refusais que l'on m'impose un format, des codes identiques pour chacun d'entre nous, comme si chaque peintre pouvait se contenter de faire exactement la même chose que ses congénères, sans chercher à rendre de manière fidèle et donc unique ce qu'il voit.

J'ai prétendu vouloir intégrer le droit à la Sorbonne, Assas ou au Panthéon pour me rapprocher du Louvre, mes parents ont fait semblant de me croire ; être l'unique fils vivant de la famille aide parfois à convaincre. J'ai passé plus de temps à observer et reproduire de grands maîtres qu'à en écouter plaider.

Quand j'ai présenté mes premières toiles au Salon, on les a rejetées au prétexte que je ne respectais pas les normes, les conventions, ces codes mortifères qui tuent l'art en l'enfermant dans des principes : mes toiles étaient trop grandes pour des scènes aussi laides, mes personnages étaient trop insignifiants, mes nus trop tendancieux. Malgré les protestations de Baudelaire, il m'a fallu créer le Salon des refusés pour pouvoir exposer les toiles jugées indignes d'être présentées au salon officiel, me faire un nom sans me plier à leurs exigences, si bêtement serviles. Et même là, j'ai fini par trouver le moyen d'être refusé du Salon des refusés, j'en ris encore !

Le pompon, ça a été quand j'ai demandé à déplacer la colonne Vendôme aux Invalides et que l'on m'a ensuite condamné pour en avoir orchestré la démolition. Tu avoueras que j'étais un coupable tout trouvé, avec mon anticonformisme de principe. On a déformé mes propos, étouffé mes ambitions républicaines et humanistes et condamné à une chute amère au nom d'un régime qui tenait à tout prix à rester en place. Et le pire, c'est que, cent cinquante ans plus tard je vois vos hommes politiques français gouverner avec le même cerveau réduit à une minuscule noix, n'ayant même plus cette folie des grandeurs – ils rêvent si petit et si dérisoire qu'ils n'ont pas su voir le nouveau tsar arriver et menacer la paix en Europe.

Toi, tu m'as tout de suite aimé, je crois bien que tu m'as reconnu. En tous les cas, moi, j'ai immédiatement su que tu pouvais te revendiquer de ma lignée et j'ai senti la catastrophe qui s'annonçait. Nous partageons les mêmes idéaux, et tu réclames ton droit à l'irrévérence et à l'excès. Du haut de ton adolescence, tu aspires à inventer une nouvelle histoire d'amour qui défierait la raison. Depuis la nuit des temps, l'amour éternel est brandi comme un graal et vous plongez tous dans le piège. T'en avertir n'y aurait rien changé. Les jeunes gens sont toujours persuadés d'avoir raison, ils pensent pouvoir échapper aux lois qui régissent l'humanité et je dois dire que cela me ravit. Comment pourrait-il en être autrement ? Nous avons besoin d'amour et de fantômes pour espérer traverser cette existence avec force et exaltation.

Permettez-moi de me présenter, je m'appelle Gustave Courbet.

J'étais peintre, et je suis mort en 1877. Je suis désormais ce que l'on appelle un spectre. On prétend que ces esprits attachés à une âme humaine sont maléfiques. Quand l'humanité s'affranchira-t-elle de ces qu'en-dira-t-on ? Je suis un anti-Doppelgänger[1], je ne suis pas là pour maudire, ni même infléchir le cours de l'existence. Toute ma vie, on m'aura donc qualifié de non-conformiste. Que cette étiquette me poursuive après ma mort est une ironie du sort, qui me ferait doucement rire si je pouvais encore lever mon verre pour trinquer à cette perspective et me noyer dans l'ivresse. Un des inconvénients de la mort réside dans la perte de ces plaisirs terrestres. Je n'ai aucune idée du temps que va durer mon séjour. Cette forme d'exil à durée indéterminée ne m'arrange pas vraiment, mais visiblement nous sommes nombreux à errer ainsi entre deux mondes, cela me consolerait presque. Ma vie m'a permis de développer un certain sens des réalités, cette

1. Double d'une personne vivante dans la mythologie germanique.

nouvelle non-vie présente une autre palette de choix et de contraintes. Je m'y confronte et les contourne par tous les moyens à ma disposition. Et, lorsque ceux-ci viennent à manquer, j'en invente.

Poussée par une intuition, tu as acheté le livre, je t'ai suivie et ne t'ai plus quittée. Maintenant que les années ont passé, je peux bien vous raconter ton histoire.

2

Sentiments du jeune âge

Si la mémoire a ses défaillances que tu ne t'expliques pas, tu te souviens du premier regard que vous avez échangé.

Tu es venue assister au cours de religion proposé par sa mère, Marie, à destination des jeunes du quartier. Elle est « l'adulte cool » et dispense ses enseignements comme on organise un thé, à grand renfort de petits-fours, d'éclats de rire et de digressions.

Ton amie Adeline vous présente. Il t'observe de son air un peu étrange. Comme si un vieillard et un enfant cohabitaient en lui pour offrir toute la sagesse du monde. Tu le salues d'un geste vague de la main, il est un jeune parmi les autres, les garçons de ton âge ne t'intéressent pas. Plus tard, il a dit qu'il t'avait reconnue ce jour-là. Que vos âmes s'étaient déjà rencontrées. Sa formule me fait rire, j'y retrouve les chimères que l'humanité croise depuis toujours.

Cela fait quelque temps déjà que l'on te parle de lui. De ce type, champion de freestyle, capable de sauter par-dessus le corps de cinq filles allongées. Cela ne te fait ni chaud ni froid. D'abord parce qu'un gars toujours à vélo, ce n'est pas un gars disponible. Et parce que tu refuses d'être la sixième par-dessus laquelle il passera avec son biclou.

On pourrait dire que c'est là que les emmerdes ont commencé, même si j'éprouve d'immenses difficultés à utiliser cette structure de phrase si appauvrie, reflet des modes de pensée de votre siècle. Plus rien ne favorise le temps long, et, tu peux me croire, la mort ressemble plus à un marathon qu'à une séance de zapping. Votre façon de consommer l'art, de *binge watcher* – ton époque persiste à utiliser l'anglais à toutes les sauces, prétendument pour aller à l'essentiel, là où je perçois de la paresse – provoque une perte du sens profond des mots et de la beauté de notre langue. Visionner en rafale, *rafaler*, voilà un verbe qui cultiverait notre sens du panache.

Ce jour-là donc, tu lui prêtes peu d'attention, préférant te concentrer sur les paroles de sa mère. Tu traverses une période mystique et vois dans la religion une forme de mythologie et de magie. Tu te nourris de ces cours hebdomadaires et de la richesse des apartés avec Marie. Cela me frustre de ne pouvoir prendre part à ces conversations et d'être arrimé à toi sans pouvoir te parler. Être fantôme procure finalement peu de privilèges. Ma non-vie pour un pinceau et une conversation autour d'un bon repas !

L'adolescence est une période de tels bouleversements, je ne peux qu'approuver ta curiosité pour tout ce qui a trait à la philosophie, à la spiritualité et aux symboles. Tes parents redoutent que cette nouvelle ferveur ne te mène tout droit dans les bras d'une secte, fût-elle catholique. Tu as fréquenté quelque temps la messe pour donner un cachet faisant foi au caractère inoffensif de l'influence de Marie sur toi. Leur propre appartenance à cette Église devrait permettre d'endormir leur défiance, de doner du sens cette amitié incongrue entre leur ado récalcitrante et une femme de leur âge. Je m'étonne de ce que certains jugent préférable une doctrine à une autre. Ces religions ont toujours un point commun : l'écrasement des plus modestes au profit de castes jugées supérieures. Aucun idéal social ne les anime réellement. Certains individus, comme ma sœur Juliette[1], font preuve d'une hauteur d'âme, mais, la concernant, je n'ai jamais pensé que c'était en raison de son éducation religieuse. Sa foi et sa ferveur l'habitaient bien avant sa première communion. J'ai aimé peindre son visage, reflet incarné de la bonté. Toujours est-il que je ne suis que peu inquiet quant à ta propre religiosité. Toute ta vie, tu t'en remettras à ton instinct et à tes envies.

---

1. Juliette Courbet, sœur cadette de Gustave. Elle fut l'unique légataire de l'œuvre de son frère et dédia sa vie à la faire connaître et à créer le musée dédié au peintre, au sein de la maison même de leur enfance à Ornans, dans le Doubs en Franche-Comté.

Les jours suivants, tes amis se font les intermédiaires pour George, son intérêt pour toi est une aubaine. Ils prêchent pour leur saint. Tu ne comprends pas l'exaltation provoquée par cet adolescent encore boutonneux, fumeur de joints et adepte de hard rock, mais cela pique ta curiosité.

Quand je pense à Charles Baudelaire, j'imagine à quel point, si tu l'avais connu, votre couple aurait fait des étincelles. Je ne sais pas si tu aurais aussi été réfractaire à la fée verte. Quelles frasques nous aurions sans doute accomplies !

Je suis impuissant à t'alerter du risque de tomber amoureuse d'un jeune homme comme George. Mais c'est précisément l'odeur du danger qui t'attire.

Tu es ce petit corbeau flatté par le renard, tentée de soigner ton ego à grands coups de *Il t'a choisie*. Tu acceptes une anodine invitation à venir écouter de la musique chez lui.

Soyons clairs, cela signifie s'allonger à une dizaine sur un matelas dans une chambre enfumée, rideaux tirés, lumières éteintes, sans aucune parole échangée. Le lieu n'a rien à envier aux bouges que j'ai pu fréquenter, crois-moi.

J'ai longtemps conservé de ce jour-là une haine tenace pour la musique d'Iron Maiden, que tu partages, tant la démesure et la confusion dominent. Tu t'ennuies ferme, cela dure des heures. Permettez-moi de m'indigner haut et fort quand j'entends que cette époque était formidable, et que la jeunesse savait vivre et profiter ! J'aurais aimé pouvoir m'évader dans mon atelier rue Hautefeuille, plutôt que d'assister à ce spectacle. Mon esprit divague et je m'imagine à Paris, sous les toits, ou à Ornans où il m'est arrivé de peindre plié sur des toiles trop imposantes, mon dos me faisait un mal de chien. L'opinion publique et la critique m'ont reproché mon manque de respect des conventions, je rêvais trop grand, je blasphémais en apportant tout simplement la juste dimension à la toile qui me semblait le mieux représenter un monde. Quand je pense que ta seule pensée à mon sujet a été que, pour un peu, on aurait pu m'offrir une auréole, j'ai bien failli arrêter de te hanter. Aujourd'hui je reconnais volontiers que le monde ne tournait pas uniquement autour de moi...

L'instant manque pour toi de joutes verbales, d'émulation pseudo-philosophique. Pas de doute, tu es l'archétype de l'intellectuelle.

Il serait possible de décomposer votre véritable rencontre seconde par seconde, comme sait le faire le cinéma – votre terrible et magique invention –, mais il faut être fou pour vouloir expliquer l'amour en le disséquant. Qu'est-ce qui a fait que, malgré cela, tu es restée ?

Tu m'as souvent confié mentalement que vous vous aimiez déjà, mais que vous étiez trop cons pour le savoir.

Une scène de cette journée me revient cependant en mémoire. Il lance à plein volume le titre de Scorpions *Still Loving You* et vous demande à tous de vous approcher de la chaîne hifi – il exerce une troublante influence sur les autres. Il s'adresse à toi, « Écoute, écoute bien ». Il plante son regard embué dans le tien. À la fin du morceau une émotion étrange te saisit. À quinze ans, aucun d'entre vous n'a d'expérience de l'amour. Mais lui semble savoir, il paraît plus vieux que vous tous. Que moi, d'une certaine manière.

Curieusement, tu ressens sa souffrance, le manque, l'amour perdu. Tu ressens sans la nommer ce que mon siècle a appelé la mélancolie. Ce que Charles a sublimé dans « Spleen et Idéal ». Tu ne parles pas encore un mot d'anglais, mais tu sais déjà ce que la chanson raconte. Comme un saut dans l'avenir. L'amour perdu. L'amour déchu.

J'ai peint deux versions des *Amants dans la campagne*. J'étais très amoureux de Virginie[1], elle emportait mon pinceau. Dans la première, je la faisais poser, sa main sur mon épaule. Je me suis ravisé ensuite, ce geste me semblait trop présent. Il faut dire que j'ai un certain talent pour le blanc, sa main gantée en plein centre de la toile avalait tout le reste. Elle prenait tout simplement trop de place. George est cette main dans ta toile. Les spécialistes parleront de repentir[2], j'évoquerai pour ma part un simple

---

1. Virginie Binet, modèle et compagne de Gustave Courbet, avec qui il aura un garçon, Désiré Émile.

2. En peinture, un repentir (*pentimento* en italien) est une partie du tableau qui a été recouverte par le peintre pour modifier en profondeur la toile.

pragmatisme. Les hommes et leurs envolées lyriques... J'ai aussi lu – expérience intéressante pour un réaliste de ma trempe que de découvrir ce que les biographes ont écrit à mon propos – que Virginie a sans doute été mon plus grand amour. Je l'ai perdue, sacrifiée avec mon fils Désiré sur l'autel de mon art et de ma liberté. Je ne m'étais pas posé la question sous cet angle. Il y a une part de vrai dans tout cela. Je crois surtout qu'on n'aime jamais comme la première fois.

Comme ils sont enfantins, ces premiers émois. Son regard soutenu durant *Still Loving You* vient de marquer ton âme en soif d'absolu. Vous vous rencontrez sur la chanson qui vous décrira plus tard. Le futur vous touche durant quatre minutes quarante-huit secondes. Au lieu d'entendre un avertissement, tu te sens appelée.

Cela m'obsède. Je pense jour et nuit à votre premier baiser, la voix de Klaus Meine me hante tel le spectre de vos amours passées. Qu'aurais-je bien pu faire ? Si seulement j'avais pu reprendre un pinceau, je t'aurais peint une mise en garde, une fresque de rue, comment vous appelez ça déjà ? Ah oui, un tag !

Mieux, je l'aurais effacé de la toile de ta vie. Je sais cependant, mieux que quiconque, à quel point c'eût été vain. Même si j'avais eu ce pouvoir, il y serait revenu, comme un repentir.

Quand je peins *L'Atelier du peintre*, Charles vient souvent me voir. Me suppliant de le représenter avec son amour éternel, Jeanne, pour, la semaine suivante, exiger la disparition à son côté de cette femme damnée entre toutes. Ils passent leur temps à rompre pour mieux se retrouver. Je ne comprends pas bien ces revirements incessants, mais je cède. Par facilité. Parce que c'est mon ami. Envolée, Jeanne à la peau d'ébène. Du moins momentanément. J'ai appris l'importance qu'avait pris sa présence dans *L'Atelier* au musée d'Orsay, où il m'arrive de suivre une visite guidée, pour le plaisir d'entendre les inepties que l'on peut raconter à mon sujet et celui de revoir ces splendeurs qu'il m'a été donné de peindre. Mes enfants. Les toiles résistent infiniment mieux que moi au temps qui passe. J'aime assez l'idée que Jeanne réapparaisse par exsudation, véritable pied de nez à la solidarité masculine. D'autant plus présente que c'est justement la volonté de l'effacer qui assurera son passage à la postérité. Quand j'observe l'intérêt des visiteurs pour le palimpseste que j'ai créé malgré moi, il me semble que le romantisme de la situation les touche bien au-delà du drame passionnel qu'ont vécu Jeanne et Charles.

Il y aurait tant à dire sur le monde que j'ai voulu créer sur cette toile, tant de détails embrassant sept années de ma vie. J'ai voulu tout y représenter, du nu à la nature morte, jusqu'au *memento mori* – mon magnifique crâne serre-papier, délicatement déposé sur le *Journal des débats*, soulignant à qui possède des yeux pour voir lequel de ces gratte-papier ou de moi résistera le mieux à la lente décomposition des vernis –, les castes et les rangs de la société, le monde qui vient se faire peindre chez moi. Il y a Charles, mes amis, la religion, Jésus, jusqu'à Désiré, mon fils, près de moi, au centre. Mais non, votre époque comme la mienne préfère le sulfureux, le scandaleux. Le modèle qui me regarde peindre ne devrait pas être dénudé ainsi, la dimension de cette toile n'est pas conforme aux standards et Jeanne n'était pas censée hanter Charles de cette façon. Je ne pensais pas être un jour pris à mon propre jeu ! Cette galerie de portraits dans *L'Atelier* a autant fait jaser que les prétendument laides gens qui ont posé pour moi pour *Un enterrement à Ornans*. Peignez dans les conventions, on vous trouvera ennuyeux ; peignez hors des conventions, la moitié de l'humanité vous trouvera du génie tandis que l'autre jasera dans les salons sur la vanité du peintre. Chacun projette en l'autre ses propres aspirations et frustrations et se sent personnellement visé. J'en connais à qui cela a joué des tours. En littérature, l'étiquette de roman a cet avantage sur la peinture, elle permet de faire dire des horreurs à un personnage derrière lequel se cache l'écrivain. Un peintre, lui, endosse forcément la responsabilité de son œuvre.

J'ai connu Marcel Proust après sa mort, évidemment. Heureusement qu'il est là. Il m'offre son regard si perçant sur la vie.

Il m'a narré son opposition à Sainte-Beuve. Ce dernier considérait toute œuvre comme le reflet fidèle de la vie de son auteur et liait ses analyses littéraires à la biographie des écrivains. Sacré pari que de s'attaquer à la critique en utilisant ses propres armes, je n'aurais pas mieux fait.

Je suis mort juste après sa naissance, j'ai mis un peu de temps à le lire, ton Proust, il paraît qu'il faut des circonstances particulières pour s'y plonger, un accident, une maladie, un repos forcé. Ma propre mort en était une bonne, de circonstance particulière. J'ai tout de suite compris que la *Recherche* était un grand, un immense tableau. Son *Atelier* à lui.

George ne fait pas le premier pas après cette pseudo-grand-messe en hommage au hard rock allemand. Et cela t'ennuie. Tu n'aimes pas qu'on te résiste. Vous vous tournez autour. Vous cherchez. Il reste volontairement en retrait. Il a compris que s'il avançait trop vite, tu fuirais. Il t'invite un jour à le rejoindre chez lui, seule. Vous échangez quelques baisers mais la magie n'opère pas. Bercée par tes lectures romantiques, tu aspires au grand Amour sinon rien, et ce vague flirt te semble insipide. Tu lui annonces en grande pompe que tout est fini, t'attendant à le voir ruer et se cabrer, au lieu de quoi il acquiesce et se détourne de toi, comme si toute cette mise en scène n'avait pas existé.

Commence une curieuse danse de plusieurs années. Vous vous côtoyez, fréquentez le même cercle d'amis, sans nouer de liens privilégiés. À vous observer, j'imagine deux fauves dont les territoires se chevauchent et qui se jaugent sans jamais s'affronter.

Un jour, tu apprends qu'il a jeté son dévolu sur l'une de tes meilleures amies. Tu les croises chez un camarade, affalés sur le canapé, il est en train de l'embrasser. Tu mimes l'indifférence, détournes le regard de ces baisers sonores. Tu plonges dans le piège, vexée, cela ne lui échappe pas et il redouble d'ardeur.

Je n'ai jamais peint le bruit des bouches qui s'aspirent, je prétends que la réalité se situe juste avant que les lèvres se rejoignent, dans l'instant qui précède l'amour, cette langueur érotique qui transpire de la toile. La suggestivité de tout ce qui viendra après.

Il n'a rien confié à personne, mais je sais que cette amie est une sorte de tapis d'entraînement avant la vraie course.

Tu es jalouse mais n'en montres rien.

3

La femme au perroquet

Tu te cherches. Est-ce moi qui ai insufflé toutes ces questions dans ton jeune esprit ? As-tu entrevu à travers mes yeux figés sur la toile les mêmes peurs à l'idée que tout pourrait être vain ?

Tu dévores les livres comme j'ai passé du temps à observer les maîtres au Louvre. Tu cherches des clés, des recettes pour « réussir ta vie ». Tu es trop jeune pour comprendre que tu as déjà les réponses en toi. Tu te sens différente. J'aimerais pouvoir te rassurer, le propre de la quête personnelle est cette solitude, certains y voient une forme de malédiction, aimeraient s'en affranchir, pour être plus en paix avec eux-mêmes. La torture ne réside pas dans la recherche, mais dans le sentiment d'imposture que renvoie la société, poussant les êtres à développer un complexe d'infériorité. J'ai lutté une bonne partie de mon existence au nom de ma liberté. Je ne dérangeais et ne blessais personne, que diable ! La communauté aspire cependant à gommer toute velléité de remettre en cause son illusoire équilibre. Je reconnais nos luttes intérieures, redécouvre avec toi Arthur Schopenhauer, sympathise avec René Barjavel, ce romancier visionnaire, avec qui nous débattons presque chaque nuit. Je pense avoir trouvé encore plus pessimiste que moi, un amoureux de l'amour et de la vie, vif défenseur de la beauté, de la nature, des animaux. Notre seul point de désaccord concerne Beaubourg. Je considère ce lieu comme nécessaire et suis même fier de constater que la relève de mon Salon des refusés est assurée par les nouvelles générations d'artistes. René plaisante chaque fois que nous en débattons : « Je me suis étonné de ne pas voir partir les échafaudages, avant d'apprendre qu'ils faisaient partie du monument lui-même. » Je rétorque aussitôt : « Qui sommes-nous pour estimer ce qui relève ou non de l'art ? Il n'y a d'école de l'art que la liberté de créer ! » Nous nous rejoignons cependant dans ce que le Centre Pompidou est devenu la nouvelle référence académique, continuant à vouloir confiner la pure inspiration et le talent à une technique éprouvée et reconnue.

Je me passionne avec toi pour André Franquin et son magnifique Gaston Lagaffe, personnage si poétique et affranchi de toute vision capitaliste. Mon siècle a vu fleurir la caricature de presse, je reconnais un certain talent à ces illustrateurs, admire le trait de Charles Huard.

Lorsque je déclarais « J'ai toujours trouvé souverainement ridicule qu'on me demande l'autorisation de publier mon portrait de quelque façon que ce fut. Mon masque appartient à tous », ils redoublaient de sarcasme, prenant ma volonté de les laisser libres de leur art pour un ego surdimensionné. Fût-ce le cas, quel serait le mal à présenter au plus grand nombre le talent dont la Nature m'a fait don ? Cette humilité judéo-chrétienne portée comme le Graal m'a toujours horripilé. Le prodige est qu'ils ont ainsi contribué à ma notoriété bien plus que je n'aurais su le faire seul. J'ai poursuivi mon chemin, fidèle à mes convictions bien au-delà de ce qui me semblait envisageable, je n'ai nulle prétention à affirmer que ce fut facile. Cependant, il me faut avouer que je les remercie secrètement d'avoir si grandement aidé à ma postérité.

Toute à ta propre quête, les années semblent avoir effacé cette histoire d'amour avortée. Pourtant, un matin, je te sens agitée. Tu as rêvé de lui. Coincée dans l'escalier d'un immeuble, tu montais des marches qui n'en finissaient pas. Tu étais à sa recherche et aucun de ceux que tu croisais ne savait où George se trouvait. Ton angoisse grandissait au fur et à mesure que tu poursuivais ton ascension.

Tu te réveilles en sursaut et restes de longues minutes dans cet état de semi-conscience où la frontière se brouille entre rêve et réalité. Après une longue journée flottante, émaillée par l'obsession d'un George qu'il faudrait retrouver, tu décides sur un coup de tête d'aller sonner chez sa mère. Marie est surprise de te voir sur son perron, tu as l'air hagard, si tu te voyais. George n'est pas là, il a déménagé. À peine as-tu réalisé qu'il compte pour toi qu'on te l'enlève déjà.

J'ai peint dans un format inédit une première dormeuse, au corps lascif, aux cheveux épars, à qui un perroquet porté par Psyché vient délivrer un message dans son sommeil.

Cette toile a fini par être volée et détruite par l'un des pires cauchemars que la Terre ait portés, elle a été dérobée de la collection Gerstenberg par Hitler et a brûlé lors d'un bombardement à Berlin. J'aurais presque préféré ne jamais la peindre. Aujourd'hui, mon autre *Femme au perroquet* est admirée de tous au côté de la *Jeune Dame* d'Édouard[1] au Metropolitan Museum of Art de New York.

Une fois de plus, il m'a été reproché de ne pas respecter les conventions. La belle affaire ! Le nu et les animaux se devaient d'être réservés aux scènes mythologiques. Des hommes avaient érigé des standards de beauté vides de sens auxquels tous sans exception devaient se plier. Et si cette femme-là, belle et abandonnée dans ses rêves, car on ne dort pas les cheveux liés que je sache, était ma représentation de la mythologie ? Si elle m'avait justement été inspirée par ces destins passés ?

1. Édouard Manet.

On m'a présenté le travail de Carl Gustav Jung sur l'inconscient collectif. J'ai aussitôt imaginé que ses idées lui étaient venues en s'inspirant de certaines toiles et de songes.

Tu as rêvé de George plusieurs fois, comme si le perroquet de ma toile était venu déposer en toi la vision de ce que pourrait être votre existence.

J'ai beaucoup pensé à ma présence dans ta vie, j'en suis arrivé à la conclusion que tu nous as tous rêvés.

Marie te donne sa nouvelle adresse, George vit chez sa sœur à quelques rues de là. Tu hésites, tu flanches. Tu n'iras pas, pas ce soir, pas tout de suite. Comment lui expliquer que tu es tombée amoureuse de lui cette nuit, en rêve ? Tu décides de lui écrire. La douceur d'une lettre. Tu peux te cacher derrière les lignes.

À quoi identifie-t-on que ce que nous vivons est une bascule, de la vie d'avant à celle d'après ? Le sait-on dès le moment où nous le vivons, l'anticipons-nous, sommes-nous conscients sur le moment de ce qui est en train de se jouer ? Ou est-ce que la mémoire ajoute une couche *a posteriori*, offrant au destin sa propre couleur ?

Tu as reçu un message parfaitement clair, les vibrations d'un séisme à venir.

George a répondu à ta missive. Après quelques semaines de correspondance incertaine, vous vous donnez rendez-vous.

Tu as le trac. Trois coups timides à la porte. Il t'ouvre sans célébration, *Qu'est-ce que tu attends de moi ?* Et, à nouveau, ce regard de vieillard, tellement habile de sa part. Tu bafouilles que le rêve a été comme un appel. Il n'affiche aucune émotion. Ni validation ni opposition. Or il sait très bien ce que tu as vu, lui-même attend ta venue, sa prophétie. Vous restez un long moment dans cet entre-deux. Prolongeant les secondes qui séparent de la vie d'avant. Il finit par tendre la main pour t'amener à lui. Ça a été plus fort que moi, je vous ai regardés.

Quand j'ai rencontré Johanna, j'étais loin d'être un jeune perdreau. Il y avait déjà eu Virginie, Camille, Louise, Aimée, Rose. J'ai même un peu fricoté avec la sauvage Jeanne, l'amoureuse de Baudelaire – enfin, tout dépendait des jours, c'était son amoureuse de Schrödinger –, il ne m'en a pas voulu, elle seule a toujours subi les affres de ses colères et de sa domination. Ainsi, je n'étais pas neuf d'amour avec Johanna. Et pourtant, ce que tu as ressenti face à George, je l'ai vécu avec elle. Une naissance à l'amour. *L'Origine du monde*.

Vous vous embrassez si longuement que je me serais assoupi, comme au temps de ma splendeur lorsque, avec Charles, nous partagions la fée verte, cette absinthe qui a raison de toute raison, si je n'avais pas repensé à ma toile, *Le Sommeil*, aux plaisirs saphiques qu'il allait te faire goûter.

Il est vierge, pourtant c'est toi qui te sens pucelle.

J'aime la sensualité qui se dégage de tes gestes, hésitants, impatients, tu cherches encore sa bouche, tant tu ne sais quoi faire de tout le reste. Il t'en empêche, commence son effeuillage jusqu'au faible rempart de ta culotte en dentelle. Il te lèche longtemps, tu es proche d'exploser mais tu gémis à peine. Il place tes mains sur sa tête, te regarde, *Ne ferme pas les yeux*, il veut que tu assumes ton plaisir, que tu le manifestes. Tu jouis, fort. Il se redresse et te fait saisir son sexe déjà dur. Tu aimerais qu'il te pénètre immédiatement, te réfugier dans le creux de son cou, éviter le silence, la gêne, mais il prend tout son temps, ses gestes sont doux, rassurants. Il dirige ton visage vers sa verge, et toujours ce regard pénétrant. Tu te laisses porter par les va-et-vient de son bassin, tu aspires, tu suces, goûtes sa peau. Tu perds la notion du temps et, lorsqu'il te bascule enfin pour s'enfoncer en toi, tu ne sais plus si tu aurais aimé que cela dure encore ou si tu n'aurais pu attendre une seconde de plus.

En ma qualité de spectre je peux me souvenir des sensations de l'amour physique, mais je ne sais pas les faire revivre. J'aurais voulu me réincarner dans le corps d'une femme pour connaître la sensation d'un clitoris fondant sous la langue. C'est cela, changer de perspective. Je suis persuadé que j'aurais inventé de nouvelles couleurs, de nouvelles textures. Bon sang, j'aurais dû y penser de mon vivant !

Le spectacle de vos ébats aurait mérité une toile, je l'aurais moi-même exécutée, cette première fois, parfaite dans ses balbutiements. J'aurais peint ta timidité, ton plaisir qui monte, je n'aurais pas dessiné l'acte mais le moment juste avant. Je l'aurais appelée *Les Vierges impatients*, elle aurait fait scandale.

4

La femme à la vague

Tu restes sans nouvelles pendant de longs jours, cloîtrée, près de ce téléphone qui refuse de sonner. Quand tu n'as pas le choix, qu'il faut sortir, tu vérifies une dizaine de fois que le répondeur est enclenché. Au retour, tu sens ton cœur rater un battement à la vue du voyant qui clignote, signalant un appel, et tu maudis le message laissé par ces démarcheurs qui ont remplacé la criée des marchés par un ciblage finaud à grand renfort de *Vous avez gagné à notre jeu.*

Tu ne sais pas si tu as gagné à la tombola des amours. Chaque minute est une éternité, un supplice. Et je sais de quoi je parle ! Tu souffres de ce silence, comme jamais, comme rien au regard de ce qui t'attendra plus tard. Le halo de la jeune femme amoureuse a déserté ton visage, tes parents, tes amis ne reconnaissent pas celle que tu es devenue en l'espace d'un rêve. Aucun *je t'aime* n'a encore été prononcé, mais c'est bien de ça qu'il s'agit. Et tu t'en étonnes toi-même. Ce serait donc cela, l'amour ? Une succession de brefs et intenses moments de joie entre de longues périodes d'insoutenables tourments ?

J'ai connu cette exaltation, davantage pour mes toiles que pour les femmes que j'ai aimées. J'étais dévoré par la passion du trait. Tu es *La Femme à la vague*, soumise aux eaux qui t'entourent, lascivement disposée à t'offrir à George.

Une lettre arrive enfin, elle revêt la forme d'une convocation. Il te donne rendez-vous chez lui, son territoire, à l'heure qu'il a choisie. Tu n'es qu'à cette nouvelle espérance, il est revenu. Dans une folle audace, tu n'attends pas le jour et l'heure fixés et surgis à l'improviste. Tu veux savoir, tout de suite, si c'est oui pour la vie, si c'est non pour l'éternité, tout est impérieux et absolu, tu pénètres chez lui comme une Furie de Bouguereau. Il te salue, avec une certaine distance. Tu lui jettes un *Alors quoi ?* auquel il ne résiste pas, il te sourit enfin et t'ouvre les bras.

5

L'origine du monde

Cette fulgurance des premières fois distord le temps. La rencontre chez sa sœur date de quelques semaines à peine, tu as l'impression de le connaître depuis cent ans.

J'envie cette passion qui associe la joie et la douleur dans cette double valence d'excitation et d'abandon. Je dois dire que la béatitude molle des couples de longue affection n'a jamais été source d'inspiration pour moi. Il faut la flamme, la colère, l'orgasme pour provoquer la furie créatrice.

Si je devais peindre cette période de ta vie, elle s'intitulerait *L'Origine du monde.* Tu y serais ces collines sur lesquelles il se penche chaque matin et chaque soir, venant y puiser l'énergie de la vie. Vos corps comme des paysages fondus.

De mon vivant, je me suis toujours inquiété d'un assèchement précoce de la peinture. Cela m'a tenu éloigné de la vie conjugale. J'aurais eu trop peur de voir mon art s'éteindre au profit du ronronnement quotidien. Mon amour avec Virginie a duré dix ans, elle a fini par me quitter plutôt que de devenir une ombre. J'étais tellement obnubilé par mon œuvre que j'en ai été soulagé. Je suis à l'abri d'une quelconque inquiétude quant au caractère possiblement routinier de ta vie.

Tu es étudiante, il est en devenir. Il est retourné vivre chez sa mère, enchaîne mollement les petits boulots et se consacre essentiellement à toi. Tu es contrainte de partir en stage à Helsinki pour plusieurs mois, des siècles, une éternité.

Vous vous écrivez. Une lettre par jour, du lundi au vendredi – en Finlande, la poste ne fonctionne que cinq jours par semaine. Le temps long du week-end est un supplice qui se répète inlassablement. Le texto n'a pas encore été inventé, il te faut subir la torture de l'attente. Et de quoi parlent vos lettres ? De la séparation, insupportable. Elles sont une longue suite de complaintes autour de cet amour contrarié par la distance, la brûlure de l'absence. Ta vie ressemble à cette dernière minute du programme d'un lave-linge, la menteuse, celle qui en dure quinze. Spectacle monotone et insipide pour quiconque n'est pas George ou toi. Ce que vous pouvez être mièvres ! George réclame d'autres lettres, deux, trois, quatre par jour, quand lui s'en tient à la promesse d'une seule – tu es partie, c'est à toi qu'échoit le devoir d'alimenter votre histoire.

Arrive l'été. Le 21 juin est le jour le plus long de l'année, le soleil de minuit apporte une lumière à nulle autre pareille, je bous intérieurement de ne pouvoir saisir un pinceau et me remettre à l'ouvrage pour tromper l'attente. Toi encore, tu connais la durée de ton passage à Helsinki, moi je n'ai aucune idée du temps que je vais devoir passer à être spectateur de la vie des autres.

Qui a bien pu inventer le jour perpétuel dans le nord de l'Europe qui ôte le sommeil aux nuits et rend les jours interminables ? Qu'on te désigne le coupable, l'Univers, Dieu, Gaïa, tu es prête à en découdre avec ce cours des choses qui entrave ton amour.

Ce temps qui passe te semblera si rapide quand tu auras atteint un certain âge, le mien juste avant de mourir par exemple. Cinquante-huit ans. Mes dernières années d'exil en Suisse ont été un supplice proche de ce que tu as pu vivre en Finlande. Il n'empêche que si j'avais su, j'aurais savouré ces éternités que tu brûles au bûcher de ton amour naissant.

6

Le château de Chillon

Tu es rentrée de Finlande et poursuis tes études, l'économie et les sciences politiques, un choix par défaut. Un choix pour t'acheter une tranquillité et t'affranchir rapidement de la dépendance à tes parents. Ils voient en George une menace et aimeraient te détourner de ce sigisbée envahissant. C'est vrai qu'il prend beaucoup de place, réclame toujours plus, jusqu'à l'exclusivité, mais tu n'y vois que de la passion. Et une échappée. Tu étouffes dans le carcan parental. Tu rêves d'amour, d'écriture, de musique, de voyages, pas de futurs plans de carrière ni de faux-semblants. Tu opposes à leur injonction d'une vie bien rangée tes désirs d'émancipation de plus en plus marqués. S'ils souhaitent te transmettre des principes de vie solides, ils contribuent malgré eux à élever une forteresse entre vous.

Lorsque j'étais en exil en Suisse, j'ai peint *Le Château de Chillon*. Il s'élève, impénétrable, au-dessus du Léman, non loin de Montreux et des dents du Midi. Aussi solide et inébranlable que ces montagnes, calme en apparence comme l'eau du lac, ésotérique ainsi que le sont certaines mélodies enregistrées dans les studios de cette ville. La beauté de ce lieu tant associé au romantisme tient avant tout à son mystère.

« Quand je suis à Ornans, je suis à Paris, ma tête trotte », écrivais-je à ma famille. Je les rassurais à propos de ma santé mentale, leur racontais mon combat pour sauver mes œuvres et relancer ma carrière. Je bâtissais ainsi entre eux et moi des murs de silence et d'incompréhension.

J'ai aussi passé beaucoup de temps sur des truites agonisantes, sorties de l'eau, leurs ouïes ouvertes encore quelques instants avant de rendre l'âme. Pour une fois, je dois reconnaître que les critiques ont bien perçu l'allégorie cachée derrière des œuvres à la signature hollandaise des plus classiques. J'ai emprunté tous ses codes au *Stillleben*, la vie coite, pour évoquer la suffocation provoquée par mes six mois de prison et mon exil suisse.

Tu sais tout cela avant même d'avoir découvert mes truites, tu devines ce lien entre nous, tu sais lire le désespoir de l'homme emprisonné derrière l'apparente nonchalance de mon autoportrait à la pipe. Ta prison à toi est virtuelle, le carcan familial forme une muraille mentale.

Tu ne comprends pas tes parents planqués dans une vie trop étroite, insipide, sans ambition. Tu as mis le doigt sur la peur qui les empêche d'avancer et rejettes en bloc leurs choix, les mornes habitudes qui les rassurent, leur apparente tiédeur. Les week-ends à la campagne, après des semaines sans surprise, la répétition incessante des gestes, le sac, les victuailles du samedi, le dimanche qui s'étire, le même programme radio qui suit le déjeuner, l'après-midi paresseuse dans le silence des champs avant le retour cafardeux du dimanche soir.

Ils te sentent t'éloigner et tentent de te rattraper en imposant ta présence à chaque dîner. Tu habites encore chez eux, et ils ont placé dans ces repas l'ultime symbole de la vie de famille. S'ils habitaient un château, tu ferais probablement tout sauter à l'explosif. En compensation, tu aspires doublement à vivre et, pardonne-moi ce trait d'humour, tu es servie. George sacralise le dîner et exige que vous les partagiez tous, sans exception.

Je te vois mettre en place des mécanismes d'évitement pour que ta vie ne se transforme pas en enfer et, à nouveau, je m'esclaffe. Une entrée, une part de dessert chez tes parents, le plat un peu plus tard, avec George, qui chaque jour te prépare des philtres d'amour que tu feins d'apprécier. Tes parents s'inquiètent de ton manque fréquent d'appétit, George de ton peu d'allant, l'aimes-tu suffisamment, préfères-tu dîner « chez eux » ? Tu l'embrasses, le persuades du contraire, comment peut-il douter de ton amour. Il n'en doute pas. Ce qu'il veut, c'est en être l'unique objet.

Tu ruses souvent, l'entraînant dans la chambre, les assiettes à peine entamées. Ta bouche accomplit des merveilles à lui faire oublier le rituel du repas en tête à tête. Tu dévores son sexe avec la gourmandise d'une Shéhérazade tentant d'échapper à la sentence du dîner.

L'autarcie est un régime politique délétère. Je n'aurais jamais pu peindre sans me nourrir du travail des autres. George t'aime, tu l'aimes, vous estimez que ces seules composantes permettent de s'affranchir de tout autre théorème. Tu as déjà lu nombre de romans dont les histoires d'amour tournent mal, tu continues à penser que vous ferez exception. C'est beau, cet aveuglement, cela ressemble à une fin du monde.

7

Les bas blancs

Vous êtes à Balbec, cossue cité balnéaire où tout respire les embruns et l'argent familial, des siècles d'héritages tranquilles, sans l'ostentatoire de Deauville. Vos premières vacances ressemblent à s'y méprendre à celles de Marcel Proust. De longues marches en bord de mer ponctuent vos journées, il fait étonnamment beau cet été-là, tu renais sous ce soleil normand que tu n'as pas encore appris à aimer. Comment le pourrais-tu, saturée de ton amour pour George, tu respires pour lui, chantes pour lui, vis de lui et restes indifférente à toute autre forme de beauté. J'envie cette jeunesse et cette présence au monde qui me sont désormais refusées. J'aimerais pouvoir y revenir, la vie terrestre me semble à moi le paradis.

Vous ne logez cependant pas au Grand Hôtel, bien au-dessus de vos moyens, mais admirez la façade figée dans le temps depuis des décennies et profitez du calme de la promenade. Les jeunes filles en fleur ne t'ont pas encore touchée de leur grâce et leur ambiguïté. Tu as lu Marcel par obligation scolaire, par ennui aussi, au cours de vacances à la campagne où tu n'avais rien d'autre à mettre sous ta dent de dévoreuse de pages. Il a été patient, il savait que son heure viendrait, son édifice immense du souvenir te touchera bientôt en plein cœur, fût-il de midinette.

Un ami vous a prêté sa caravane. Vos journées comme vos nuits sont explosives, font trembler le fragile habitat jusqu'à dix-sept fois par jour. Dix-sept. Je souris de l'incrédulité de mon cher Charles, ce nombre serait humainement impossible sans attraper une sérieuse chaude-pisse, je suis soupçonné d'affabuler dans mon récit. J'ai l'habitude d'être pris pour un bonimenteur. Mais il se trouve que j'ai tenu le compte. Je souris aussi de la réaction de vos voisins, leur œil réprobateur face aux vibrations et aux soupirs qui donnent enfin tout son sens au caractère mobile de cette maison qui ne bouge jamais, étrange concept de votre siècle. Vous donnez vie à cette caravane, qui branle au rythme de vos reins, message effronté adressé aux témoins extérieurs.

Vos corps s'apprivoisent, traduisant hors des mots vos conversations silencieuses. N'eussé-je plusieurs siècles, sans doute moi aussi serais-je bercé par l'illusion que votre amour est éternel.

Mon œil cherche à capter la toile qui pourrait immortaliser la scène du point de vue de ces cancaniers. Je peindrais les rainures salies par la pluie, le rideau qui flotte à la fenêtre, laissant apercevoir par un entrebâillement le tas de vêtements négligemment jetés pêle-mêle sur une chaise. En toute logique, je poserais ta culotte triomphante sur le haut de la pile. À l'extérieur, la pelouse verdoyante sur laquelle est posée la caravane, sa porte qui claque lorsqu'elle est mal fermée. Au fond, les sanitaires, bâtiment maussade où se savonnent vos corps après l'amour, leur parfum se mêlant à l'odeur du détergent et des herbes fraîchement tondues. Autour, les énormes nuages blancs si rarement absents du ciel normand, ces fonds bleus contrastant avec la grisaille des constructions et la nature, verte de tant de généreux arrosages.

Il me faudrait ajouter le génie de la main de Franquin pour retranscrire le mouvement de vos ébats. Ajouter ces lignes qui font vibrer l'image. Je t'ai souvent vue plongée dans ses albums, j'ai lu par-dessus ton épaule les péripéties de la vie de bureau de Gaston Lagaffe, son chat, sa mouette et sa fantaisie, saisi par la perfection de ces quelques traits, si simples, si illusoires. Si réalistes.

J'ai voulu figer le ressac en peignant au couteau *La Vague* sur la plage d'Étretat, toute proche de celles que tu admires à Cabourg. Les journaleux s'en sont donné à cœur joie pour me pasticher en rustre provincial, travaillant avec un couteau de cuisine. J'aurais pu enrager de cette mauvaise publicité, la réalité c'est qu'elle me servit maintes et maintes fois. Je n'ai jamais démenti, passer pour l'imbécile heureux des plumitifs avait le goût exquis du triomphe. Ils n'avaient pas conscience de contribuer à alimenter mon œuvre.

Vos amours représentent quelque part une forme de succès, vous en êtes vaguement conscients, il y a si peu de place dans cette toile pour autre chose que vous deux. J'en viendrais presque à m'effacer de tes pensées, mais ton instinct semble me retenir, faiblement, assoupi comme l'est ta vigilance.

Ton père vous rappelle à l'ordre, utilisant des termes vains comme *impératif*, *indispensable* et *nécessaire* pour qualifier la date souhaitée de retour au bercail. Tu décides d'y opposer un silence total, sous l'œil approbateur de George qui t'attire de nouveau dans votre nid remuant. Et vos voisins de soupirer.

Il m'arrive pour tuer le temps pourtant déjà mort de déambuler seul ou avec Marcel qui me narre Balbec à l'époque de sa splendeur. Il n'a pas son pareil pour faire renaître ses souvenirs. À ses côtés, les valets, les calèches et les conversations de salon reprennent vie et me permettent de quitter quelques instants votre folle énergie dont je me sens exclu. Tu continues à beaucoup lire, sur la plage, dans la caravane, entre deux étreintes, George n'y voit pas d'inconvénient, lui s'occupe à perfectionner sa connaissance théorique des arts martiaux. Vous êtes aussi concentrés sur ces activités que lorsque vous faites l'amour, capables de rester des heures dans la même position. Je me prends à esquisser d'une main imaginaire un croquis de vos expressions apaisées ou exaltées, je ne sais plus où donner de la tête, ma non-vie pour un chevalet, un pinceau et quelques tubes ! Marcel a beau me sermonner, un cigare ou une pipe et une bonne bouteille m'eussent été d'un grand secours. Même mort, lui continue à craindre les allergies et à être hypocondriaque. Il en est même venu à s'interroger sur la potentielle contagion qui pourrait se répandre entre les vivants et les morts. Je lui ai conseillé de se trouver une âme à hanter, il a bien des velléités sur ton George, mais j'ai réussi à lui faire admettre que, même avec la meilleure volonté du monde, il ne pourrait jamais le transformer en inverti.

Notre influence sur la vie terrestre se limite au souffle léger et pénétrant d'un crachin normand.

8

Les amants heureux

Ce samedi matin, vous partez en bus, le ticket est de couleur marron gratuit, marron chômeur, marron stigmatisant. Tickets que vous dissimulez aux yeux des autres, parce qu'ils sont très facilement identifiables : couleur dite chocolat qui s'apparente plus à de la crotte, si vous voulez mon impression. Tu es à peine majeure. Vous vous souriez. Rien n'existe autour de vous. Vous ne passez pourtant pas inaperçus dans vos tenues d'apparat. Vous posez tous deux en haut des marches du majestueux escalier de la mairie, ton ticket de bus à la main en guise de bouquet, tache brune sur fond blanc, touche de réalité criarde et laide mais bien réelle en contraste avec la pureté de ta robe de mariée.

Comme ta mère, j'aimerais te faire promettre de ne pas te marier. Comme à ta mère, tu mentirais, pour n'en faire qu'à ta tête et répondre à l'appel des sirènes.

En cherchant à t'affranchir de ta famille, il se pourrait que tu rejoignes une autre cage dorée, celle de l'oiseau que George a capturé.

Vous vous retrouvez devant monsieur le maire, avec deux amis pour témoins. Pour noyer son chagrin, ton père tond sa pelouse. Jamais pelouse n'a autant ressemblé à un green que celle de sa maison ce jour-là. Il n'est pas invité, les autres non plus, celles et ceux qui n'ont pas pris la mesure de votre amour. Celles et ceux qui ne savent pas rêver. On peut clairement voir ma signature au côté de celle d'un autre Gustave, Manet, sur l'acte de mariage de Claude Monet avec Camille Doncieux – des épousailles discrètes, célébrées malgré l'hostilité du père. Deux mariages, deux pères, un témoin silencieux.

Le maire invite l'auditoire à se lever pour l'échange des consentements. George te sourit fièrement au moment de te passer l'alliance au doigt. Tu ne vois que lui, ton Dieu à toi. Vous ne célébrerez pas votre union à l'église, où l'on prêche une parole pervertie par les hommes – George entretient une relation privilégiée avec Dieu, il n'a que faire de la pratique religieuse –, et votre amour est pur, que diable !

Le maire verse une larme, il semble avoir tout deviné de votre attachement, ou peut-être rien, prolonge l'instant de quelques mots d'espoir, cite de mémoire une strophe d'un poème d'Aragon, comme pour combler le vide de la salle. Tu as toujours détesté les poupées, les histoires de filles, les contes de fées, tu t'identifies bien davantage au prince aventurier, tu te repais de ce mariage de beatniks et de ce pied de nez à tes parents.

La séance photo est expédiée dans les jardins de l'hôtel de ville, mais les clichés que tu préféreras sont ceux pris à la volée, dans ce bus à accordéon qui vous a servi de carrosse. Je me régale à observer le passager lambda qui sort tranquillement de ses emplettes au Monoprix du centre-ville et rejoint non moins tranquillement ses pénates ; à mi-chemin entre le cochon ensommeillé et la vache abasourdie, il fixe ces quatre personnes « endimanchées ». Les gens de mon époque auraient détesté voir ces scènes de genre en peinture. George ignore royalement les curieux.

Pour marquer l'événement, vous vous offrez une fondue dans une salle de restaurant désertée. S'il y en a un que les états d'âme n'étouffent pas, c'est bien le restaurateur, qui se frotte les mains de l'aubaine : enfin quelques clients un samedi midi. J'avoue que cette cérémonie me réjouit dans tout ce qu'elle a de foutraque et de bohème. Vous êtes les seuls habitants de votre principauté, les témoins de simples figurants aux visages flous et aux silhouettes indistinctes au banquet de cette nouvelle vie.

Il est temps de se dire au revoir, vos témoins vous réitèrent leurs vœux de bonheur et s'en vont, soulagés de ne pas avoir à prolonger un rôle dans lequel ils ne se sentent pas très à l'aise, malgré leur sincère amitié.

Vous avez choisi de passer la soirée seuls au cinéma, vous deux et le reste du monde, et de pousser le pastiche jusqu'à partager une part de pizza après la séance. Un instant, tu es traversée par la sensation que ta vie s'achève là où elle devrait commencer – ce samedi se révèle d'une banalité à pleurer. Tu t'empresses de chasser cette pensée parasite, George, lui, est passé maître ès art de se jouer des situations, tu es certaine qu'il saura être ton guide sur ce chemin.

9

Les baigneuses

Ta féminité déborde malgré toi, tu préférerais être un homme, encombrée par ce corps de femme dans lequel tu as bien du mal à te reconnaître. Enfant déjà, tu étais fascinée par le spectacle de ta mère, l'observais se maquiller, frotter ses lèvres pour unifier le rouge, un vermillon éclatant, appliquer la laque pour faire briller ses cheveux. Tu te sentais étrangère à ce rituel d'actrice, ton moi garçon trouvait cela ridicule, ton moi fille se demandait s'il fallait absolument en passer par là pour devenir femme.

Un soir, George et toi regardez *Victor Victoria*[1], l'histoire d'une chanteuse au chômage dont la vie est bouleversée quand elle rencontre un quinquagénaire extravagant qui la convainc de se transformer en Victor, une vedette des boîtes de nuit parisiennes. De déguisements en

1. *Victor Victoria*, film de Blake Edwards, 1982.

quiproquos, le film s'empare du thème de l'ambivalence, qui ne cesse de te poursuivre depuis l'enfance. Surtout, il te ramène au souvenir d'un autre Victor.

Ton père s'est déguisé. Vous êtes allées chercher avec lui les perruques dans le dressing. Il a enfilé une robe, des chaussures à talons. Puis il a laissé ta mère le grimer.

La séance prend du temps, tu t'impatientes. C'est long de devenir une femme. Contraignant. Ton père arrive enfin et tout le monde hurle de rire. Il a même trouvé un porte-cigarettes et allumé une blonde, lui qui fume toujours des Gauloises brunes, sa bouche forme une grimace provocatrice.

Ta mère se réjouit, ton parrain et ta marraine sont hilares. La scène se produit régulièrement. Ta mère t'explique qu'il adore organiser cela en vacances, lorsque vous partez skier. Toi qui refuses d'emporter autre chose que des pommes ou des livres dans ta valise, tu le comprends parfaitement. Quoi de plus normal que de voyager avec ses jouets essentiels ?

Un grand événement s'organise autour de toi, c'est l'effervescence. Vous partez en Allemagne célébrer le mariage d'un grand cousin. Tu rechignes à mettre une robe. Cette obligation te semble d'autant plus superflue que ton père est autorisé, lui, à embarquer ses accessoires. Pourquoi n'aurais-tu pas droit à ton propre déguisement ? Tu es cependant contrainte de céder et enfiles à contrecœur la panoplie de fille qu'ils t'ont choisie. Tu ne sais pas comment jouer dans cet accoutrement, tu ne sais pas marcher avec ces chaussures. Tu ne sais pas être une fille.

L'heure du vin d'honneur arrive et ton père s'éclipse en te lançant un clin d'œil. Tu attends son retour avec impatience. Il y a beaucoup d'invités inconnus à ce mariage. Cela t'amuse à l'avance d'observer leurs réactions lorsque ton père fera son entrée. Une femme arrive, menue, bien maquillée, bien coiffée, on sent qu'elle a apporté un soin particulier à sa tenue. Ta mère la suit de près, la fierté du travail bien fait se lit dans son regard. Peu de personnes réagissent, la foule absorbe cette nouvelle venue dans le brouhaha de la fête. Tu la suis du regard et observes un invité, de la famille de la mariée, s'avancer galamment, une coupe de champagne à la main. Ton père prend sa plus jolie voix aiguë et murmure plus qu'il ne dit un merci à l'inconnu, avant de s'éloigner. Il progresse parmi les convives, son galant serviteur lui emboîte le pas et lui adresse la parole. Ils discutent en allemand, j'ai du mal à saisir toute la conversation mais il semble lui expliquer qu'elle vient de Paris, que, oui, elle est venue seule et que non, elle n'est pas proche parente du marié. Ce quiproquo t'amuse, tu as envie de hurler *Poisson d'avril!*, mais tu ne parles pas assez bien allemand et on est en juin. Tu te contentes de rire sous cape.

Le cousin est pour l'instant accaparé par d'autres invités et n'a pas encore remarqué ton père, qui a poussé la perfection jusqu'à se vernir les ongles, s'installer sur un tabouret du bar de la salle et croiser élégamment les jambes. Son chevalier servant s'empresse de s'installer à côté d'elle et de lui resservir une coupe. Ton père lui sourit, parcourt la salle du regard, t'aperçoit et t'envoie un clin d'œil auquel tu réponds discrètement, fière d'être dans la confidence. Tu te concentres sur la gestuelle de ton père. Il se passe la main dans la perruque, sourit, sans faire la moue aguicheuse qu'il réserve à ses parodies intimes. Il est transformé. Il n'est plus déguisé, il est devenu femme. Les réactions du voisin indiquent qu'il pense vraiment en avoir rencontré une. Tu ne saisis pas bien le sens de son regard, mais devines qu'il s'agit d'une réaction d'homme. Il pose sa main sur le genou de ton père, qui le repousse gentiment. Le convive sourit, d'un air d'invitation. Ce regard, tu le connais. C'est celui de ta mère quand elle cherche à t'avoir par la séduction. Ce monsieur est en train de faire les yeux doux à ton père ! Ce dernier met fin à la conversation et descend du tabouret pour s'avancer vers le cousin, qui le regarde, d'abord incrédule, puis éclate de rire. Tu es déçue, la farce touche à sa fin. Le voisin de ton père l'a suivi et cherche à démêler les choses, mais le cousin se contente de dire qu'il s'est souvenu d'une bonne blague. Le chevalier servant ne comprend pas et reste accroché à ton père, une huître à son rocher. Ta mère te rejoint, murmure à ton oreille « Il est sous le charme ». Elle perçoit aussi l'insistance de l'homme et l'appel au secours dans les yeux de ton père. Elle s'approche lentement, savourant de le laisser un peu plus longtemps avec son nouveau copain devenu visiblement collant, tu en connais des comme ça à l'école, avides de devenir amis, sans savoir si, vraiment, vous pourriez vous aimer. Ta mère salue et demande à être présentée au convive puis lui lance : « Je vois que vous avez fait connaissance avec mon mari. » Le visage se fige, il est blême, ses poings se sont fermés. Le cousin arrive à la rescousse, le félicite d'avoir ainsi joué le jeu et lui présente officiellement sa tante et sa tante, non, son oncle, en s'esclaffant. « Je le savais, je le savais », rétorque tout penaud le monsieur, tandis que d'autres convives se joignent à l'hilarité, reconnaissant enfin ton père. Tu saisis un instant le dernier regard appuyé entre l'homme et lui. Tu chasses l'idée de ton esprit et retournes à la fête.

Je me suis beaucoup amusé à me grimer, elles étaient fort nombreuses, danseuses, modèles, à se relayer pour me confectionner la parure idéale d'une femme comme il faut. J'aurais dû peindre ces scènes si vivantes des boudoirs féminins où cela chante, rit et parle dans un brouhaha joyeux, les sons se mêlant à la poudre qu'elles posent sur mon nez à grands coups de pinceau. J'ai adoré le côté facétieux de ton père. Il aurait été impensable à mon époque d'envisager une telle toile. Et même pour ton père, toute l'ambiguïté d'un tel comportement faisait jaser. Contrairement à lui, c'étaient majoritairement les femmes qui cherchaient ma compagnie lorsque j'arrivais à une soirée, intriguées par cette nouvelle venue, issue d'une grande famille du Doubs et en visite à Paris. Elles aimaient railler mon accent, mais, à la différence des hommes, me reprenaient volontiers pour corriger ma prononciation, là où ceux-ci se contentaient d'un regard empli de mépris, dont ils croyaient qu'il m'échappait. Sauver les apparences ! Il serait opportun bien au contraire de leur accorder un puissant nettoyage de printemps, à ces principes à deux sous.

Ton père a ouvert une brèche dans ta représentation du monde et de la distinction entre les hommes et les femmes. Tu te demandes pourquoi tu devrais choisir, tenir une position tranchée, quand tu pourrais être le meilleur des deux à la fois. George rit de bon cœur, tout cela est bien dérisoire, de la bouffonnerie tout au plus, il évacue d'un revers de main tes interrogations, souligne la ténacité des stéréotypes de genre. Il ne veut surtout pas entrer dans une conversation qui mettrait en doute les forces en place dans votre couple. Tu peux osciller à ton gré tant que le côté femme lui est exclusivement réservé.

Il te veut magnifique pour lui, laide pour tous les autres. Il guette les regards qui s'attardent sur ta silhouette et te blâme de la concupiscence des hommes. Pour te soustraire au poids des reproches, tu revêts les tenues les plus austères. Cela ne suffit jamais. Tu captes la lumière, et il le sait bien, le scélérat. Il suffit d'observer le faisceau de regards quand tu pénètres dans une pièce.

J'ai toujours été du côté des femmes. J'aurais aimé faire de toi une de mes muses. Nul besoin d'artifices pour mes modèles. Sur *Les Baigneuses*, j'ai peint leurs pieds dénudés et sales. Pour mes nus, je n'ai jamais cherché à cacher leur féminité, jusque leurs poils pubiens. Personne n'avait fait cela avant. Si elles avaient eu leurs règles, je les aurais peintes le sang coulant sur leurs cuisses, traçant des rivières rougeâtres sur leurs mollets avant de venir souiller l'herbe. On aurait formé une sacrée équipe, toi et moi.

10

Courbet au chien noir

George divise le monde en deux. Ceux qui sont avec lui et ceux qui sont contre lui. Toutes les personnes qui s'approchent trop près de toi, hommes comme femmes, sont par définition contre lui. Il s'emploie à les effacer du tableau, un par une.

À commencer par ta meilleure amie, Adeline, qu'il trouve trop intrusive. Il cherche à te dompter. La passion dévorante, qu'elle soit dirigée vers un être ou un art, ne laisse aucune chance à ses victimes. Et je ne suis pas loin de penser, moi aussi, que le monde se divise en deux, un peu comme dans mon *Atelier*.

Vous vous querellez sans cesse. À près de cent cinquante ans de distance, j'ai la sensation de voir se rejouer l'une des disputes homériques entre Charles et Jeanne – ces deux-là n'ont cessé de se séparer pour mieux se retrouver pendant près de vingt ans, lui en bourreau despote, elle en muse sauvage. Un décolleté plongeant, un trait de crayon trop appuyé, une heure de rentrée tardive, même en pleine journée, une lecture, un film qu'il juge insipides et déshonorants, un appel qui te détourne de votre conversation, une attention portée à d'autres, un déjeuner chez tes parents qui a duré trop longtemps : tout est prétexte à ses remarques acerbes et à ses coups d'éclat. Les motifs pris isolément sont dérisoires, tu y attacherais peu d'importance si George ne tenait pas à chaque fois à obtenir des excuses, un assentiment, une promesse que cela ne se reproduira pas. Toute à ton amour, tu cèdes facilement du terrain tant la réconciliation est synonyme de joie. Cette émulation des jours heureux constitue le terreau dans lequel tu cherches à t'épanouir. Vous passez des nuits à puiser dans les textes, la musique, la discipline martiale pour alimenter vos joutes verbales. Tu ne cherches pas à prendre le dessus, à avoir raison, mais à comprendre le monde bouillonnant de George. Il est un puits de connaissances et tu lui passes ses emportements et son autoritarisme, assouplis certaines de tes positions pour maintenir ce dialogue qui te nourrit.

On m'avait parlé d'un certain Pierre Soulages, il vient tout juste d'arriver. Avec Marcel, on avait pris les paris, entre quinquagénaires on se serre les coudes. Dans nos vies de fantômes, il faut bien trouver quelques distractions. Je pensais qu'il arriverait avant son centenaire, mais il a prolongé sa présence sur terre, avant de nous rejoindre à près de cent trois ans. Un peu plus et il nous battait, Marcel et moi, qui culminons à cent neuf ans à nous deux.

La réalité c'est que je suis très jaloux de Pierre. Exposer au Louvre de son vivant. Son œuvre avait fière allure au sein de cette institution, la plus belle au monde ; j'y ai suffisamment traîné mes guêtres pour en apprécier la richesse, l'hors-normalité. Ma vie de peintre y a réellement commencé, loin d'Assas et du droit dont je me contrefichais. J'aurais peut-être dû fréquenter plus assidûment les cours de droit cependant, cela m'aurait été d'une grande utilité avec cette colonne Vendôme, ma malédiction. Pierre a su imposer son art, et si son *outre-noir* constitue la base de son œuvre, il a tout d'abord cherché à restituer le blanc de la neige, la lumière de ces deux extrêmes que l'on considère souvent comme des non-couleurs. Tu estimes qu'il est au noir ce que je suis au blanc, un sublimateur. L'ubac et l'adret. C'est flatteur, merci, un compliment, ce n'est jamais de refus. C'est pourtant avec mon *Courbet au chien noir* que j'ai participé pour la première fois au Salon de Paris. L'élégance classique que j'ai volontairement donnée à mon autoportrait, séduisant le monde de l'art par une toile à la facture des plus classiques, allait me permettre d'en découdre grâce au noir avec la Ville lumière.

George aussi aime le noir, l'isolement, le secret. Cela commence par une omerta totale sur votre intimité et, surtout, ses activités. Les autres sont de potentiels ennemis, il tient à vous préserver de leurs jugements et de leur inanité ; il est pour lui essentiel de les tenir éloignés. Il te demande d'embrasser son mode de vie – lui faire confiance revient à te laisser guider et t'en remettre à lui. Tu es subjuguée, flattée que cet homme plein de richesses et de mystère te tienne pour son égale, tu te laisses aller. Entrer dans son sérail représente la promesse de ne jamais s'endormir, la vie est si intense à ses côtés. Tu t'échappes du monde, tu te suffis de lui. Il sature tes sens.

J'assiste impuissant au spectacle de ton embrigadement. Tu es passée du côté obscur de sa force, tu ne te rends plus compte qu'il n'y a aucune réciprocité. Les thèmes de vos échanges ne peuvent être initiés que par lui, les lectures communes, les activités, jusqu'au choix du menu ; il contrôle tout, et tu y trouves un certain confort. Il entraîne ton corps et ton esprit pour mieux te posséder. Tu es une muse consentante.

11

Les demoiselles de village

Depuis toute petite, tu affiches ta préférence politique à gauche, au grand dam de ton père, qui voit dans ton engagement une certaine décadence et en George et sa mère une extraction trop modeste. Il aspire à mieux pour sa fille, vous n'avez pas la même définition du mieux. Tu veux lui prouver que la question du transfuge de classe n'est qu'une vision de l'esprit, tu balaies avec impatience ses réticences, ses convictions et l'ordre des choses. Ta mission se dessine clairement, faire de ton bonheur avec George un contre-exemple. Ton assurance est si forte qu'elle ne laisse pas de place au doute. George se nourrit de ta joie de vivre, tu t'appuies sur sa force, votre couple n'est pas qu'une histoire d'amour, il est politique.

Aujourd'hui, mes *Demoiselles de village* passeraient probablement inaperçues. On n'y saisirait pas ce qui s'y joue, au-delà d'une banale scène d'aumône, presque bucolique : l'affrontement entre deux visions du monde, la bourgeoisie hautaine d'un côté, qui se défie du petit peuple, de l'autre Paris enrôlée par Napoléon contre la campagne et ses valeurs républicaines. La masse moque les proportions étranges données à mes vaches et tait sa défiance quant à ces filles de province vêtues telles des Parisiennes. Leur peur se transforme en rage déchaînée envers une simple toile. C'est dire à quel point ils saisissent le message en leur for intérieur, plus poltrons qu'imbéciles.

Enfant, j'avais une relation très forte avec mon père. Le privilège d'être l'unique garçon de notre fratrie, sans nul doute. Il était assez fantasque pour un homme de sa génération et d'un amour bourru, autoritaire et tendre à la fois, qui s'étendait à toute la famille. Je me suis souvent opposé à lui, à l'idée qu'il se faisait de mon parcours ; deux fortes têtes qui s'affrontent provoquent beaucoup d'étincelles, rarement un incendie. Il n'a pas vu d'un très bon œil mon départ pour Paris, il savait bien, au fond de lui et malgré mes belles paroles et mes promesses, que je ne serais jamais avocat. Sa rigidité tenait plus à une volonté de me protéger qu'à un réel souhait d'infléchir ma destinée. Il m'aurait quand même bien vu l'aider sur ses terres, reprendre à mon compte ses folles inventions agricoles. Comparées à moi, mes sœurs avaient peu voix au chapitre. Leur marge de manœuvre se réduisait à rester avec leurs parents, se marier ou rejoindre les ordres. Ma sœur Juliette est restée fidèle au domaine, répartissant son temps entre Ornans et Flagey. Je n'ai jamais eu ce sens du sacrifice. Je n'ai pu concevoir être sur terre pour vivre l'existence que d'autres auraient choisie à ma place, fussent-ils mes propres parents.

Même si l'ébullition de ton époque ne m'enchante guère, je dois lui accorder d'avoir mis en lumière la nécessaire, l'indispensable rébellion des femmes et leurs revendications non pas à être femme, mais à choisir leur voie, tableau unique de leurs vies à imaginer. Mes sœurs n'ont pas eu cette relation particulière avec notre père et je sais bien que cela est imputable à leur sexe. Je n'en avais tout simplement pas émis la pensée claire et distincte auparavant. J'aimerais pouvoir dire qu'il suffit de se révolter pour devenir pleinement soi-même. Il n'aurait pas fallu compter sur mon soutien à ce sujet, mais je reconnais bien ce qui anime toutes les femmes, je le respecte. Comment pourrait-il en être autrement quand je me suis battu toute ma vie pour n'être soumis qu'à mes propres contraintes ?

12

Les demoiselles des bords de la Seine

J'ai appris qu'on ne pouvait pas se baigner en bord de Seine sans risquer un lavage d'estomac. Par la barbe que je n'ai plus, lorsque je me baignais près de Montreux, j'en ai avalé des litres d'eau toxique. Crois-moi, j'ai certainement été rendu plus malade par ce que j'ai volontairement ingurgité que par l'eau du lac Léman ou celle de la Seine. Je nageais souvent par pur plaisir dans cette surface aux apparences si calmes mais dont les courants pouvaient être redoutables. À mon époque, la baignade était tolérée mais tenait plus du trempage de pieds. J'ai plusieurs fois été arrêté par la police, m'y trouvant dans le plus simple appareil. Tout le monde s'imaginait que je n'en étais plus à une excentricité près pour faire parler de moi. Le scandale vaut mieux que le silence et, je le concède, j'ai joué de cela. La vérité est parfois si simple qu'elle en devient inacceptable, j'aimais braver les éléments – quand j'y pense, c'est une sacrée allégorie de mon existence –, mais c'était surtout une façon de retrouver de ma désinvolture, un moyen de m'alléger de quelques couches.

George aime cultiver le mystère, maîtriser son image, nourrir la rumeur pour mieux diriger son monde. Chaque action procède d'une tactique et nourrit un plan global – un idéal. Son milieu naturel, c'est plutôt l'esbroufe. L'esbroufe, le style. Appelle cela comme tu veux. Tu es fière de son magnétisme. D'une certaine façon, son aura rejaillit sur toi. Il a jeté son dévolu sur l'art martial furtif par excellence, le *ninjutsu*, cet ensemble de techniques traditionnelles pratiquées par certains espions du Japon féodal. Les ninjas disposaient de tout un arsenal de déguisements et de méthodes de diversion. George y voit une opportunité et s'appuie sur leur expertise pour construire son personnage public. Il te convainc de t'initier à cette pratique en faisant valoir son caractère noble et ancestral. Il t'embarque dans des exercices interminables, assouplissant ton corps, rigidifiant ta pensée dans le seul objectif de te permettre de suivre le maître. Tu t'y soumets en toute liberté, avec la foi des pèlerins envers l'infini. J'en souris encore aujourd'hui, quelle force vitale nous unit tous trois ! Être lié à toi est une bien curieuse plaisanterie du destin, je reconnais une certaine virtuosité dans le casting.

George embarque Rémy dans l'aventure et organise des sessions hebdomadaires en forêt. Vous arrivez régulièrement en retard aux rendez-vous fixés au petit jour. Rémy râle pour le principe, George lui sourit, ne s'excuse pas. Rémy justifie les écarts de son « ami », qu'il vénère, par l'enseignement qu'il en retire. Un vrai ninja doit savoir patienter des heures durant, George sous-entend qu'il doit renforcer son mental. Rémy acquiesce aux demandes, plus farfelues les unes que les autres. Attendre à 4 heures du matin est digne d'un entraînement militaire, et George, le général d'une mini-armée de nigauds.

Fort de ses convictions et du succès remporté auprès de ses deux élèves, il envisage d'allier art de vivre et art d'en vivre. Il décide de monter un club sportif, dont tu deviendras la trésorière, promotrice, première disciple, colleuse d'affiches pour recruter vos premiers élèves, supportrice, bienfaitrice, négociatrice en assurances, essuyeuse de plâtres, tandis qu'il tire déjà des plans sur la comète de vos destins brillants, furtifs. Le désenchantement arrive assez rapidement. Je me sens un temps solidaire de cet autodidacte qui va se heurter aux murs de l'administration à la française, s'élever avec tant de force et de volonté contre la jalousie des institutions en place ; au même âge, j'étais un ardent contradicteur des principes établis.

Vous partez régulièrement en train rejoindre la rue de la Montagne-Sainte-Geneviève, temple parisien des livres consacrés au *ninjutsu* et autres équipements plus ou moins inoffensifs dont votre logement regorge désormais. George s'est mis à fabriquer son propre matériel. Votre appartement se resserre sur toi, avec son couloir transformé en atelier, son salon envahi de machines dignes d'une salle de sports, bientôt remplacées par un studio de musique dont il faudra entretenir l'état de manière chirurgicale afin d'éviter que toute poussière puisse altérer le son et le fonctionnement, la seconde chambre transformée en studio de prise de son, aux murs recouverts de boîtes à œufs, votre chambre au décor plus que trivial, dans laquelle il passe de moins en moins de temps. Petit à petit, tu vis chez lui, quémandant d'une voix muette un peu de place chez vous et dans sa vie. De disciple en art martial, Rémy est passé à homme à tout faire, il est de toutes les expéditions, de tous les concerts.

Freddie Mercury a fait irruption dans vos existences. Je tolère d'autant mieux cet artiste du XXe siècle qu'il est venu de nombreuses fois enregistrer à Montreux. J'ai beau éprouver de la rancœur à propos de cette prison qu'était devenue la Suisse pour moi, tout comme la Normandie le sera pour toi, je ne peux empêcher un chauvinisme idiot de s'emparer de moi. Sorte de *j'y étais* à anachronique.

Cette seconde vocation de George, la musique, dont il n'a jamais appris les mystères que par lui-même, prend peu à peu le pas sur l'art martial. C'est décidé, il sera musicien. L'art furtif l'aide à se composer un personnage, tu vis alternativement avec George à la scène et George à la ville. George à la ville s'efface très rapidement à mes yeux, mais pas suffisamment pour que tu le remarques. George à la scène a beaucoup de prestance, sa voix magnétique continue à te séduire.

Plus il joue, plus il s'éloigne de toi. Tu te sens seule, continues à avancer, bonne petite soldate, persuadée que vous vous retrouverez bientôt, une mauvaise passe. Et c'est comme si la toile rejetait par sudation toutes les couches de peinture que vous avez accumulées – tu refuses encore de voir la réalité, bientôt viendra le temps où elle te rattrapera. J'ai vécu cette défaite totale, j'ai tout perdu, ma femme, mes amis, ma famille, ma gloire et mon pouvoir. Je ne te serai cependant d'aucun secours. C'est une forme de mort à blanc, une répétition de la vraie, que tu dois vivre seule.

13

Le naufrage dans la neige

Vous avez rompu. Pour la énième fois. J'ai cessé de tenir le compte. Si certaines de vos ruptures ne manquent pas de panache, elles n'égalent en rien vos retrouvailles. Elles les nourrissent et alimentent un cercle vicieux. Tu rejoins le nid des parents pour quelques jours, parfois quelques heures, jurant devant Dieu et qui veut bien t'entendre que tout est définitivement perdu, ton amour éteint, annihilé, brisé, vaincu, défait, jusqu'à son retour, sans un mot, sa main tendue, son sourire ensorceleur. Une fois, une seule fois, ton père s'est interposé. Il n'a pas compris qu'en s'opposant à George, il ne faisait que renforcer ton esprit de contradiction et votre attirance pour la tragédie gréco-normande. Il a brandi l'un de ses couteaux fétiches, sans doute lui donnait-il tout le courage et les vingt centimètres qui auraient pu lui manquer pour s'opposer à George. Aussi utile que le souffle d'une brise sur la fournaise de votre amour.

Ton père est mort et, avec lui, tout ce passé où George et lui se sont affrontés. Ton père et son dérisoire couteau pour l'empêcher de t'emmener. Et toi, perdue au milieu de ce combat de coqs. Perdue et galvanisée.

Ton père et son amour si maladroit, son inquiétude, légitime, si tu veux mon avis. Je pense pourtant que la démesure de George était à la hauteur de ta soif de vivre. Tu serais morte à petit feu d'un amour trop petit.

Le jour de la cérémonie, il a neigé. Pas toute la journée, non, juste entre l'église et le cimetière. La neige étouffait nos cris intérieurs. J'ai fait venir la neige, je me suis donné un mal de chien pour que tout soit blanc, que tu saches que j'étais avec lui et qu'il était avec toi.

Les porteurs remontant la nef de l'église. Le convoi des voitures noires sur le sol maculé. C'était beau comme un film de Scorsese.

Personnellement, je n'aime pas le cinéma. On m'a dit beaucoup de bien de ce monsieur, mais tu vois je ne me suis toujours pas fait à l'idée de toutes ces images qui bougent. Je préfère que mon esprit les anime plutôt que l'inverse.

Dublin ne fait pas partie des villes que j'ai visitées. Le hasard a fait s'échouer ma toile, *La Diligence dans la neige*, dans ce musée national assez modeste, mélange de mini-Louvre et de Beaubourg, improbable écrin, entièrement tombé dans l'oubli des grandes heures de l'Europe. Le hasard s'appelle Sir Hugh Lane, ou plutôt sa fondation, qui a fait l'acquisition de ma toile. Sa taille est la seule et unique raison de la présence de cette œuvre dans la collection. Sir Hugh Lane voyait grand pour sa ville, disputant à Londres son statut de capitale artistique. On m'a beaucoup reproché les formats de mes toiles, trop imposantes, trop grandioses. Moi, je peignais à hauteur de l'ego des hommes, je n'ai fait que reproduire ce qui habite l'âme humaine. Réaliste. Lane voulait que Dublin brille, dépasse Londres. Il lui fallait une toile à sa démesure. Ah, ces collectionneurs ! Avoue que deux mètres de long pour ce naufrage du radeau de la Méduse dans la neige, c'était un minimum, non ? Je sais que tu me comprends : tout comme tu t'opposes à te laisser enfermer dans un sentiment tout petit, j'ai toujours refusé de limiter mes toiles à une hauteur médiocre, standard.

Tu entends le silence de la neige sur ma toile. Le silence qui suit la catastrophe, le silence qui étouffe et tue. Notre cerveau invente un son aux images que nous admirons. Tu as même pensé à une chanson, celle que tu as chantée pour les obsèques de ton père. Comment s'appelle-t-elle déjà ? Ah oui, cela me revient. *The Sound of Silence.* Simon & Garfunkel, quels drôles de noms, on les dirait tout droit sortis du théâtre de Guignol. Il faudra un jour m'expliquer le sens de ces expériences si bruyamment vaines que vous appelez musique. Lorsque j'ai peint Berlioz, il était déjà l'homme sec et âgé rendu immortel par le portrait que j'ai fait de lui, il l'a détesté et il aurait voulu le voir brûler. Il est resté totalement hermétique à ce que je lui confiais en dessinant son visage, considérant avec dédain mon amour pour la musique populaire. Notre « rencontre », que le Tout-Paris annonçait comme une des plus importantes de ce petit monde de l'art et de l'entre-soi, n'a pas eu lieu. Cela ne m'a fait ni chaud ni froid, les polémiques autour de ma peinture avaient rendu mon cuir insensible à ces marques de mépris. Que reste-t-il aujourd'hui du visage d'Hector Berlioz ? Un unique portrait, au musée d'Orsay. Celui-là même que j'ai réalisé. Peut-être suis-je devenu mon propre Berlioz, insensible à ces tapageuses mélodies ?

En réalité, j'ai eu le temps d'en écouter depuis que j'erre dans les limbes entre deux morts, bien plus que George et toi. « *Hello darkness my old friend*[1] », il est paradoxal d'invoquer l'obscurité de la chanson pour l'allier à d'albes éclats. Pourtant, tu as raison, cette chanson va bien avec la neige de ma diligence et l'enterrement de ton père.

1. Premières paroles de *The Sound of Silence*, Simon & Garfunkel, 1964.

14

L'atelier du peintre

Ton chat, lui, m'a repéré. Il ne voit pas d'un très bon œil ma présence dans les parages. J'ai tenté de l'amadouer plusieurs fois, mais il m'a craché dessus. J'ai détalé pour ne pas accroître sa colère.

Tu as toujours eu des chats, leur présence t'apaise, tu sens qu'ils ont accès à un monde que tu devines sans le voir. Surtout, tu aimes leur indépendance, empreinte d'un amour inconditionnel pour celle qui la respecte. Celui-ci t'est dévoué comme tu l'es à ton homme. Il tolère tout juste George, qui s'efforce de trouver un terrain d'entente avec l'animal dont il se débarrasserait séance tenante si tu ne lui vouais pas une telle adoration. Il tente de le dresser, mais ce chat ne reconnaît qu'une seule autorité, la tienne. C'est un affrontement sournois, presque inconscient. Ton dernier bastion de résistance.

Parfois, il t'arrive de rentrer et de comprendre ce qui s'est joué durant ton absence. George ouvre la porte, le regard innocent de celui qui a réglé ses comptes, le chat dans ses bras, résigné. Tu retiens ton premier réflexe qui serait de saisir l'animal et le consoler des misères dont tu ignores la nature. Tu embrasses George, qui répond par l'affirmative à ta question sur le bon déroulement de sa journée. Ton regard interroge muettement le chat qui attend d'être libéré. Tu ne peux t'empêcher de frissonner en t'imaginant à sa place. Le mot prison t'effleure l'esprit un instant, tu chasses l'idée et arbores ton meilleur sourire, aussitôt récompensée par George. Il te tend enfin l'animal, qui se serre contre toi, tu refoules ton malaise et te laisses bercer par le son des ronronnements, véritable bruit blanc face à l'angoisse qui montait.

Dans mon *Atelier* j'ai placé un chat, il joue avec le drapé de mon modèle. Dans mon autre toile, *La Femme au chat*, ce dernier est entièrement abandonné à sa maîtresse, blotti dans ses bras. Si je voulais me jouer de la chronologie et émettre un paradoxe temporel, je pourrais dire que c'est toi qui m'as inspiré cette scène. Comme beaucoup des animaux que j'ai peints, ils sont blancs, je suis fasciné par ces nuances infinies. Certains théoriciens encore bien avisés ont osé prétendre que le noir et le blanc ne seraient pas des couleurs, puisqu'ils n'apparaissent pas dans le gamut de l'arc-en-ciel. Ce que leurs yeux ne peuvent discerner n'existerait pas. D'autres considèrent à l'inverse que l'arc-en-ciel est une illusion d'optique, le résultat d'une forme de conspiration montée de toutes pièces par une société secrète en lien avec des extraterrestres, qui donnerait ainsi une vision déformée du monde, la Terre étant en réalité plate et violette. Tu parles d'un nuancier. Votre époque regorge d'encore plus de foutaises qu'elle n'a généré d'évolutions technologiques. Paradoxalement, plus vos sciences avancent, plus elles sont remises en question et discutées par les incultes. Ils sont de plus en plus nombreux à occulter la réalité et refuser d'admettre certaines évidences. Tout comme tu refuses d'admettre que tu es muselée dans cette relation.

Adeline se marie, tu es témoin de cet amour, dont tu envies secrètement la normalité. Longue robe blanche, mairie, église, lancer de riz sur les jeunes mariés à la sortie de la cérémonie, du blanc encore, pour porter bonheur, dîner dans un château normand, voyage de noces dans les îles. Je la connais cette sensation de n'appartenir à nulle part, tu aurais parfois envie de te fondre dans la masse.

Le grand jour approche et tu chasses ces idées pour te consacrer pleinement au bonheur de ton amie. George viendra, il te l'a promis et tu idéalises cette scène parfaite, première de vos futurs week-ends tous les quatre. Il a endormi ta vigilance, tu ne sens pas la menace rôder, toute à la joie d'écrire ton discours. *Chère Adeline, cher*

Nicolas, aujourd'hui est votre grand jour... trop classique. *Vous rayonnez de cet amour dont la lumière rejaillit sur nous tous...* trop pompeux. Tu passes des heures sur ton texte, tu prends ton rôle de témoin au sérieux. Elle est belle, cette douce lueur sur ton visage penché sur le papier, une mèche de cheveux s'échappe et vient caresser les lignes raturées que tu recopieras tout à l'heure. Tu as presque terminé et n'as pas remarqué la présence de George dans ton dos. Le chat réclame ton attention, il se frotte à tes jambes, tu le caresses machinalement. Il pose le regard sur George et se carapate dans la chambre, se gardant bien de miauler pour t'avertir de l'orage qui s'annonce.

Le ciel sur Étretat ressemble à celui menaçant les collines calcaires d'Ornans lorsque la pluie arrive. J'aime observer la nature déchaîner ses éléments sur nous, déployant une palette de couleurs incroyablement variée, sans cesse renouvelée. J'aime aussi son épuisement après la tempête, telle une belle amante après la jouissance. L'électricité qui subsiste dans l'air et donne au ciel cette couleur si particulière, mélange de blanc, de gris et de bleu.

George demande à voir ce que tu écris, tu le repousses gentiment, il insiste d'un *Non, maintenant.* Le ton impérieux déclenche enfin l'alarme en toi, tu adoptes instinctivement un ton doucereux, docile. Il lit très attentivement, tu essaies d'engager un dialogue autour de ce que tu as voulu exprimer, mais son index levé suffit à te faire comprendre que ce n'est pas le moment de l'interrompre. Tu ressens une légère angoisse, te figes et attends. Serais-tu un chat, tu aurais déjà déguerpi. Il fait durer sa lecture bien plus que nécessaire et finit par un *Très bien*. Aussitôt soulagée, tu t'enthousiasmes : « Cela va être une belle journée, j'ai hâte tu sais, Adeline m'a montré la photo de la pièce montée et de la fontaine à champagne, c'est une belle fête qui s'annonce.

— Tu me raconteras. » Sa réponse te glace. Tu t'es laissé piéger comme une débutante. Quand bien même tu as gagné la bataille de cette dispute-là, tu sais que tu as perdu celle qui comptait réellement. Il ne viendra pas. Il te punit de l'amour que tu portes à ton amie et qui te détourne de lui. Tu pourrais t'épuiser pendant des heures pour le faire changer d'avis, il est cette falaise pendant et après l'orage, dressée et insensible au déchaînement des éléments. Cependant, il est la nature qui appelle à l'orage, l'attend, le désire. Tu fais l'erreur de ne pas réagir immédiatement.

« C'est tout l'effet que cela te fait ?

— Oui... non... je suis abasourdie. Je t'en supplie, viens. Que vais-je dire ?

— Tu peux ne pas y aller.

— Impossible, je suis sa témoin !

— Assume. »

Le couperet est tombé, tu iras seule. Cette journée qui s'annonçait idyllique et dont tu ne profiteras pas un seul instant, par une sorte d'accord tacite avec l'absent, se transforme en cauchemar, tu es témoin de mariage et témoin du spectacle sans prendre réellement part à la fête.

Tu rentres tard, t'attends à le trouver posté en sentinelle à la porte de l'appartement, mais il est déjà couché, fait semblant de dormir quand tu te glisses sous les draps. Tes larmes coulent sans bruit, tu finis par sombrer dans le sommeil. Le lendemain tu es face à un mur de désapprobation, tu regrettes presque d'être allée à ce mariage. Des jours durant, il t'oppose un silence blessé, pas une simple absence de conversation, un motus complet, sans formules de politesse, un silence qui t'efface complètement, plus de princesse, plus de piédestal, la transparence totale, tu as disparu de son champ de vision. De guerre lasse, tu finis par t'excuser et lui dire que tu le comprends. Il te prend dans ses bras, murmure qu'il te pardonne et t'entraîne dans la chambre.

Avec les jours, ta colère initiale s'est muée en renfrognement, puis en tristesse, si abyssale que je me demande encore ce qui te fait tenir si longtemps. Où sont passées ta belle fierté et ta pugnacité ? Ravalé ton orgueil. Tu te sens coupable et crains le pire, qu'il ne t'aime plus. Ce pardon est une lacération supplémentaire à ton amour-propre déjà mal en point. Tu n'aspires qu'à laver toutes ces émotions, à effacer ces jours perdus. Vous faites l'amour avec la passion des amants réunis, tu imagines que ton orgasme a le son des vagues sur les galets après l'orage.

George redevient aussitôt le compagnon prévenant qui avait disparu durant la période de punition. Il te propose d'organiser un dîner avec Adeline et Nicolas, à leur retour des Seychelles, à condition que la soirée ne se transforme pas en diaporama de leur voyage. Tu acceptes avec plaisir. Ta jovialité n'est pas forcée même si, au fond, elle témoigne de ta capacité à contenir et encaisser ce que tu nommes en toi-même les petites contrariétés du couple. J'admire cette façon d'étiqueter, tel un artiste qui consignerait ses expériences de pigments, ses croquis, pour dessiner peu à peu les contours d'une œuvre parfaite. Tu persistes à croire que tu pourras façonner votre couple de toutes pièces.

Dans l'après-midi qui précède, il se met aux fourneaux. S'ensuit une dispute à propos de la tarte au citron meringuée qu'il souhaite servir au dîner et que tu aurais préféré conserver pour le lendemain, en tête à tête. Je ne saisis pas l'enjeu de cette querelle, comme si tu cherchais de nouveau à repousser ses limites, à créer de nouvelles frontières. Ladite tarte finit par être lancée dans la fureur de votre engueulade et reste collée quelques instants au plafond avant de retomber lamentablement au sol. J'en ris tellement que j'en aurais renversé ma chaise si j'avais encore eu une quelconque présence physique en ce monde. Penaude, tu imagines déjà qu'il va tout annuler, mais il se contente de préparer un autre dessert, comme si de rien n'était. Tu n'as même pas réussi à gagner cette bataille ridicule.

Adeline et son mari arrivent avec un joli bouquet de fleurs, Nicolas te complimente pour ta beauté, il adresse à George un sourire complice : « Elle était presque aussi belle que la mariée, tu as vu les photos ?

— Oui, bien sûr, vous étiez très beaux », ment George, qui n'a rien voulu savoir de la noce.

Quelque chose d'infiniment subtil change dans l'air, une forme d'électricité et de lourdeur, un orage qui s'apprête à gronder, les sons semblent amortis, le ciel prend une teinte plus lumineuse durant un court instant avant de s'assombrir. Le tonnerre au loin retentit. En bord de mer, le son rebondit sur l'eau et vient s'échouer sur la falaise. Les oiseaux cessent de chanter et s'éloignent. Tu aimerais être un goéland et t'envoler loin de George.

La soirée se déroule cependant sans accroc, Nicolas se montre sincèrement intéressé par la conversation illimitée de George et lance une invitation pour un barbecue le week-end suivant. George accepte volontiers, il ne te demande pas ton avis. À nouveau, tu te dissous dans ses sourires, la douceur de cette soirée, ton imagination féconde vous projette déjà dans un quatuor amical radieux. Une fois les convives partis, vous rirez sans doute de l'épisode orageux, il deviendra fondateur du mythe de votre couple, la fameuse tarte au citron plafonnée.

George ne fait aucun commentaire sur la soirée.

Il se contente de te faire l'amour comme chaque soir. Il a pris goût à la sodomie et s'impose plus souvent dans cette forme d'ébats. Je reconnais à la levrette son caractère excitant, mais je n'ai jamais désiré la peindre. Lorsque tu suggères à voix basse une autre position, George se réfugie derrière l'attrait de ces nouvelles pratiques qui réenchantent votre sexualité. Je le soupçonne d'avoir trouvé là un moyen de contraception efficace. Il t'a récemment demandé d'arrêter la pilule, sans doute pour entretenir l'illusion que vous pourriez un jour avoir un enfant – et se préserver de tes éventuelles tentations d'infidélité. Tout cela commence à sérieusement faner mon admiration embarrassée pour cet homme affranchi de toute forme d'asservissement.

De Vinci était connu pour ses essais de pigments hasardeux. Nous sommes nombreux à nous être cassé les dents sur des couleurs changeantes, un vernis qui absorbe toute la couleur et ternit la toile. Quand le musée d'Orsay a restauré mon *Atelier*, pour éviter d'en priver les visiteurs, la toile est restée visible durant tous les travaux. On pouvait observer les personnes à l'ouvrage derrière une imposante enceinte vitrée. Je m'y rendais régulièrement, retrouvant la familière sensation d'être à ma place comme nulle part ailleurs, pestant quand je repérais un de ces ouvriers à la main trop lourde, gâchant un infime segment de mon travail. Je m'amusais aussi de leurs analyses fouillées pour essayer de faire ressortir d'éventuels nouveaux repentirs. S'ils savaient ce que j'y ai dissimulé volontairement. Bien sûr, le fond reprend mon propre reflet en train de peindre, des silhouettes familières. Bien sûr, mes proches, Charles, Jeanne, Champfleury, Proudhon, Alfred, Virginie et Désiré y sont présents de multiples manières. Mes propres fantômes. Une trentaine de personnages au total, que j'ai dû terminer à la hâte pour présenter à temps la toile au Salon et briser les chaînes de la scène de genre, enfermée dans son carcan de codes et de dimensions tous plus absurdes et obsolètes les uns que les autres. Tout cela n'est pas bien difficile à savoir, si tant est qu'on s'intéresse un minimum à mon œuvre, et, de ce point de vue, la fréquentation du musée d'Orsay ne peut que flatter mon vieil orgueil. Ce que personne ne sait, c'est que mon *Origine du monde* s'y trouve également. J'ai lu quelque part que le réalisateur Christopher Nolan glissait dans chacun de ses films un écho, non pas du précédent, mais de celui à venir. Sorte de voyage temporel glissé par un Pierre Saint-Menoux[1]. De la même façon, je savais depuis mon plus jeune âge que je la peindrais un jour. Mon œuvre ultime. Alors j'ai glissé des esquisses

1. Personnage principal du *Voyageur imprudent*, premier roman de René Barjavel abordant le paradoxe temporel du grand-père : si je remonte le temps et tue mon grand-père à un âge bien antérieur à la naissance de ses enfants, je ne peux pas naître et ne peux donc pas tuer mon grand-père.

et des brouillons dans de nombreuses œuvres, mais c'est réellement dans *L'Atelier* que j'ai abrité sa version la plus complète, onze années avant que je réalise *L'Origine du monde*, qui a ensuite trôné chez Lacan, derrière un cache peint par un confrère que j'ai pu aller admirer à Ornans. Mon *Atelier* n'est-il pas censé représenter le monde ? Et, évidemment, cette *Origine* se situe non loin de la Loue, la source, ma source…

Le vernis que j'ai employé a fini par donner un aspect jaunâtre à l'ensemble de la toile, qui justifiait effectivement ce travail de fourmi pour rendre aux couleurs tout leur éclat. Ils ont été très nombreux à intervenir. Aucun des restaurateurs n'a mis au jour ce détail qui saute pourtant au visage.

Cela a pris plus d'un an pour venir à bout de la couche vitreuse. Je me demande combien de temps il te faudra encore avant d'ouvrir les yeux.

15

L'homme à la ceinture de cuir

George accepte l'invitation à dîner de vos *nouveaux meilleurs amis*. Tu évites de t'attarder sur le sarcasme. Tu te réjouis d'avance de cette soirée – si j'étais taquin, je soulignerais que cela ne lui ressemble pas. Ta personnalité s'est construite en souplesse, ta force de persuasion est certaine, tu te sens de taille à affronter cet immense bloc qui pourrait s'arrondir, avec beaucoup de temps et de patience. Et si j'étais caustique, je te dirais que sur les falaises, le travail de la mer peut prendre des siècles et que le résultat relève plus de l'effritement que de l'arrondi attendu. À Ornans, le vent et l'humidité font aussi leur œuvre, érodant la craie, millimètre par millimètre. Tu n'es pas de taille. Cela ne t'empêche pas de vouloir essayer, sans doute ta volonté d'y parvenir est-elle proportionnelle à tes sentiments pour lui. Je dispose d'un peu plus de temps que le commun des non-mortels pour réfléchir à ce sujet.

Il est important, et je m'y suis attaché depuis que je te connais, de définir précisément les contours de la question. On confond souvent amour et possession. Cela ne signifie nullement que les deux ne peuvent coexister, ils ne devraient cependant jamais fusionner. Et surtout pas justifier l'une au nom de l'autre. Ce qui se dessine entre vous, au-delà de l'amour, c'est une prise d'ascendant, une lutte de pouvoir.

La soirée commence bien chez Adeline et Nicolas, de nombreuses personnes que vous ne connaissez pas ont également été invitées. George a revêtu son costume d'homme civilisé et charmeur pour les impressionner. George à la ville fait des merveilles pour captiver son auditoire. Le vin a contribué à détendre l'atmosphère, son public est désormais prêt, cuit à point pour assister au numéro. Il vient de donner un cours magistral sur l'origine des ninjas, leur société secrète élitiste, dans un Japon féodal où ces mercenaires agissent sans complices, dans la discrétion, et passent leur existence à s'entraîner. Sous les rires de plaisir des convives, il exécute quelques démonstrations de *ninjutsu*, un salto arrière soulève une première salve d'applaudissements, on s'épate de la prouesse sportive pour un garçon de si haute taille, qui plus est vêtu d'une veste ajustée. Les hommes sont invités à lui porter un coup, fort si possible, qu'il esquive à chaque fois, neutralisant l'adversaire, frustré mais bon joueur, qui rejoint la troupe des perdants. George est mon *Homme à la ceinture de cuir*, toute sa prestance est amplifiée, magnifiée par ses accessoires.

Mes autoportraits illustreraient mon ego surdimensionné. Des coquetteries. Et pourtant, ce que j'ai souhaité représenter reste relativement simple, un homme épris de culture et de savoir, sûr de lui certes, mais il n'y a bien qu'en France qu'on affiche de la défiance vis-à-vis de la réussite. Les pauvres, les mal-nés doivent rester à leur place. Le clair-obscur apporté au visage aurait pu m'être inspiré par George, dont la vraie nature échappe à tous.

Tel l'illusionniste Houdini, il t'invite à le rejoindre sur la scène improvisée, dans le jardin, toi montée sur une chaise, lui marchant solennellement sur la nappe en papier blanc déroulée sur une longueur de quatre ou cinq mètres. On a bien cherché à compter les pas, mais personne n'arrivait au même résultat. George a su rapidement ramener au silence et à la concentration l'auditoire dissipé. Le lancer d'un *shuriken* qui passe tout proche de ton visage pour aller se planter dans l'arbre voisin fait forte impression. Des éclats de rire, des cris d'effroi, d'admiration fusent de l'assistance. Tout le monde s'approche pour constater à quel point l'arme s'est plantée profondément dans le bois. George prend bien soin d'en accentuer la marque laissée dans le tronc. S'il le pouvait, il tracerait un message, de ceux que l'on voit sur certains chênes, aux mystérieuses initiales entourées d'une date et d'un cœur. Chacun admire également ta confiance en lui, décuplée par la leur. Tu finis toi-même par en être convaincue. Un homme pareil ne peut pas rater sa cible. S'ils savaient à quel point ils voient juste...

Je n'ai aucune honte à dire que je sais parfaitement tout cela, ayant usé et abusé moi-même de telles ficelles pour fasciner mon public et les journalistes, mais aussi compté sur leur capacité à faire gonfler une rumeur dont je n'ai jamais hésité à être l'initiateur.

L'assistance en redemande, on veut du sensationnel, de la peur, de l'anecdote à raconter le lundi suivant aux collègues, le lancer se transformera en trois à la suite, la distance parcourue en dix mètres, la lumière bien faible alors qu'il fait aussi jour que dans un stade, l'arbre quasi fendu en deux. Si George avait eu un quelconque doute sur le bien-fondé de son rôle, on vient de lui servir sur un plateau d'argent de quoi se persuader pour les décennies à venir qu'il est décidément fait pour cela.

Passe un papillon de nuit, que George saisit au vol. Les conversations s'interrompent tout net, l'animal fait-il partie du spectacle ? Vos yeux sont rivés sur lui, vous ne seriez pas étonnés qu'il le dompte ou l'hypnotise sur-le-champ. Il ouvre la bouche, dépose le papillon sur sa langue et referme les lèvres, une plante carnivore sur le pauvre éphémère. Le temps est comme suspendu. Chacun s'imagine qu'il s'agit d'un tour de magie, peut-être le papillon va-t-il se transformer en lapin quand George le recrachera ? Tu espères secrètement qu'il le libère, mais le mouvement de sa pomme d'Adam vient confirmer tes craintes. L'animal n'est plus. Les rires terrifiés et un peu dégoûtés des filles s'opposent à ceux virils et emplis d'assurance des garçons dans un absurde ballet dont tu aimerais changer la chorégraphie. Quelque chose en toi sonne l'alerte. C'est répugnant, ce n'était pas nécessaire non plus.

Au retour, George te trouve bien silencieuse, il est ravi d'avoir fait son petit effet sur cette bande tiède et molasse, tu peux le reconnaître, ils ne sont pas de votre trempe. Tu te rassures, encore une fois, il considère que vous êtes faits du même bois. On pourrait les dévorer, toi et moi. Tu es médusée mais apaisée pour un temps par le *nous* de sa phrase. Un jour, tu seras ce papillon de nuit.

16

Le retour de la conférence

Vous faites des projets par milliers, tous plus précis les uns que les autres. Avoir deux enfants, un garçon et une fille, acheter une maison à la campagne. Tu es une pure citadine et confonds la tranquillité qu'il t'annonce avec l'isolement qui t'attend. Tu n'as, crois-tu, besoin de personne d'autre que lui. Depuis l'épisode du dîner chez Adeline et Nicolas, ton amie s'est éloignée de toi, elle sait qu'elle n'est pas de taille à lutter face à George. Son numéro de ninja l'a embarrassée. Surtout, elle sent le danger qui plane au-dessus de ta tête sans avoir les armes pour t'en protéger. Ou le courage peut-être. Tu lui en veux d'avoir déserté. En amitié, comme en amour, tu aspires à l'exclusivité. Tu ériges cet idéal de perfection et d'absolu en valeur supérieure à l'existence trop médiocre de tes parents. George te le rend au centuple, multipliant les attentions, tu te sens exister à travers lui. Tu es l'œuvre qu'il façonne et expose en son salon.

Tu devrais sans doute te méfier de cette apothéose. On croit être dans l'ascension, pouvoir continuer à monter, alors qu'on est déjà à l'apogée. Émile Zola lui-même m'avait prévenu, à propos de certaines de mes toiles qui ont précédé la Commune. Il m'appelait *faiseur de chairs* et admirait beaucoup mes nus. Cependant, peu avant les événements qui ont fait chavirer mon existence, il eut ces mots : « Si j'étais Courbet, je ne voudrais pas, pour *La Femme au perroquet*, d'une récompense suprême qu'on a refusée à *La Curée* et aux *Casseurs de pierres*. J'exigerais qu'il fût bien dit qu'on m'accepte dans mon génie et non dans mes gentillesses. Il y aurait pour moi je ne sais quelle pensée triste dans cette consécration donnée à deux de mes œuvres que je ne reconnaîtrais pas comme les filles saines et fortes de mon esprit. »

Moi aussi, j'aurais vraiment dû observer ces signes de ta consécration.

George fait facilement plier ta volonté, tu aimes lui faire plaisir et surtout, tu n'oses jamais dire non.

Enfant déjà, tu passais par ta mère pour éviter de te confronter aux sentences intimidantes de ton père. Tu pouvais mettre des mois à exprimer une envie, et la laissais, insatisfaite, gonfler comme une baudruche. Au prix d'innombrables stratagèmes, tu finissais par arriver à tes fins. Aujourd'hui encore, tu es ce mélange de peur et de détermination. En fin de primaire, tu rêvais d'un cartable

Tann's. De toute ton âme, comme si cet objet à lui seul représentait l'appartenance à une catégorie. Au travers de ce cartable, tu aspirais à être reconnue et intégrée. Les autres élèves arboraient fièrement ce signe extérieur de l'élève studieux qui sait exactement où doivent se ranger la trousse et les pensées. Je ris en songeant au fatras qui a toujours régné dans mes ateliers. Il m'aurait fallu un sacré cartable pour mettre de l'ordre dans mon matériel et mes idées !

Ne sais-tu, chère enfant, que c'est le propre des esprits libres que de s'attrister de leur solitude tout en rejetant toute forme de carcan, dans un ensemble de valeurs qui, inéluctablement, se transformeront en principes auxquels il faudra déroger ? Ce cartable aurait dû être ton passeport pour accéder à une normalité qui te sera toujours refusée. Heureux les simples d'esprit ? D'une certaine manière, oui. On ne choisit pas de voir et savoir, ce don nous tombe dessus comme la petite vérole sur mes curés au *Retour de la conférence*[1]. Mais une fois cet état de conscience atteint, revenir à une confortable ignorance devient impossible. J'ai découvert que ma fameuse toile à scandale, encore une, avait purement et simplement disparu. Tout ce qu'il en reste, ce sont des esquisses au crayon et quelques photos. Malgré mon audace et mon souhait de l'exposer, elle ne fut même pas présentée au Salon des refusés tant

1. Toile représentant un groupe de religieux pris de boisson.

elle choquait, et me valut de me fâcher avec Champfleury, un critique d'art soi-disant acquis à la cause de la libre expression. Un homme d'une grande dévotion en a fait l'acquisition au début du XXe siècle pour la brûler, c'est dire si elle était intéressante ! Elle se contentait pourtant de décrire une scène somme toute banale et dont tous avaient pu être témoins un jour – la conférence est un prétexte habile pour faire la fête, et les curés n'ont jamais dérogé à cette règle.

Je me suis renseigné sur les événements de janvier 2015. Des dessinateurs et journalistes sont morts pour les mêmes idées que celles que je prônais, la liberté de créer et de sortir du moule. Le délit de profanation ne peut s'appliquer à l'Art. J'aurais peut-être moi-même été assassiné si la toile avait été rendue publique. Et que dire de Salman Rushdie et de ses *Versets sataniques* ? On décide qu'il existe un ordre établi par les plus forts, gardé jalousement pour leur permettre d'asseoir un pouvoir, une institution. J'ignore qui a dit : « Je ne suis pas d'accord avec ce que vous dites, mais je me battrai jusqu'à la mort pour que vous ayez le droit de le dire » ; les hommes luttent depuis des siècles pour défendre leurs idées, et à travers elles, leur liberté de penser. Ton époque ne déroge cependant pas à la règle, ce ne sont pas les plus éclairés qu'on entend le plus, et cette volonté d'effacer ce qui les dérange est toujours aussi farouchement revendiquée.

Tu as fini par obtenir ce que tu voulais. Un magnifique cartable en daim gris. Mais ta précocité inversement proportionnelle à ton incapacité à réclamer quoi que ce soit à ton père ont fait coïncider son arrivée dans ta vie avec ton entrée au collège. Les cartables y étaient remplacés par des besaces, tu pleurais ton enfance perdue près des toilettes où les autres élèves s'échangeaient des taffes de cigarette et de langoureux premiers baisers. Ton cartable te séparait d'eux aussi sûrement que mes origines provinciales de l'intelligentsia parisienne. Ce faisant, tu as expérimenté ce que, toute notre vie, nous ne pourrons que rechercher, la nécessité absolue d'une concordance d'âmes et de temps. La concordance de vos temps se révélera impossible. Tout comme ce Tann's, les relations finissent par devenir anachroniques, les miennes n'ont pas résisté à l'appel d'autres horizons à peindre, la vôtre finira aussi par se désolidariser de vos aspirations. Nous continuerons, toi et moi, à avancer sur nos routes solitaires.

Peut-être est-ce la rupture qui, justement, rend les amours éternelles ?

17

Les casseurs de pierres

C'est ton anniversaire. George t'invite dans un restaurant étoilé. Flot ininterrompu de paroles, d'émois, de grands projets qui vous enivrent, rappelant jusqu'à la caricature la force de votre déni. George ne travaille pas, il vit d'une maigre pension.

Pour t'offrir cette belle soirée, il a commis un petit délit en servant d'intermédiaire à un réseau de trafiquants de matériel informatique. Tu pourrais le lui reprocher, te mettre dans une colère noire. Il est trop tard, tu es dépendante de vos sentiments, tu as épousé ses rêves de grandeur. Tu refuses que son destin soit contrarié par un quotidien chronophage et trop normé. La création musicale est le fruit d'une lente maturation, un processus qui se déploie sur le temps long. Tu décides de prendre en charge le foyer, tu le convaincs, il ne doit pas s'en offusquer, bientôt les rôles seront inversés. Cette nouvelle condition rompt de façon radicale avec les principes de tes parents, et tu éprouves une grande fierté à affirmer ta liberté féminine – peut-être aussi une forme de pouvoir conjugal.

T'endetter pour lui permettre de créer sa première activité ? Tu considères qu'il s'agit d'un investissement. Déguiser certains documents pour pouvoir emprunter davantage ? De l'ambition. L'argent est un moyen, pas un aboutissement. Tu aspires à une seule chose, contribuer à faire rayonner le talent de George, tout comme j'écrivais à mes parents : « Quand on n'a pas encore de réputation on ne vend pas facilement et tous ces petits tableaux ne font pas de réputation. C'est pourquoi il faut que l'an qui vient je fasse un grand tableau qui me fasse décidément connaître sous mon vrai jour, car je veux tout ou rien. » J'endosse ma part de responsabilité dans ce que ta connaissance de mon destin n'a pas su prévenir chez toi : tu n'as en effet appris ma propre déchéance financière que bien après votre séparation, ç'aurait pu éveiller ta vigilance. Tu as su voir ma folie des grandeurs, pas l'inéluctable perte au jeu du pot de terre contre le pot de fer avec les banques. « Impose ta chance, serre ton bonheur et va vers ton risque. À te regarder, ils s'habitueront », écrivait René Char. J'en connais un qui s'habitue très vite.

George est donc entretenu. Par toi. À mon époque, ça ne choquait personne. Les rentes se transmettaient dans les familles et entre époux. J'observe vos politiques, vos philosophes. J'entends bien que tu ne fais pas partie des adeptes du *C'était mieux avant*, mais avoue tout de même, on est entre nous, que l'on retrouve les mêmes partisans du *Faites ce que je dis, pas ce que je fais*. On a souvent qualifié ma peinture de socialiste. On te jette à la figure ton cœur à gauche et ton portefeuille à droite.

Tu travailles et lui compose. Tu fais de votre couple une finalité supérieure, qui fonctionne comme une entité unitaire et cohérente. J'ai envie de rajouter : totalitaire.

L'unisson de vos cœurs et de vos trajectoires est une œuvre d'art, *Bonaparte franchissant le Grand-Saint-Bernard*, si j'avais eu, un jour, une quelconque velléité de vous peindre à cette période. À la réflexion, c'est plutôt *Don Quichotte* qui me vient à l'esprit.

Je me désole cependant de voir l'écart se creuser, tu vis le jour, il émerge la nuit. Tu dois travailler beaucoup pour vous assurer une vie confortable, tandis que lui est libre de ses horaires.

Vous vous éloignez, je crains que tu ne renonces à tes idéaux. Son art prend toute la place. Il te délaisse et te laisse la charge exclusive des contraintes du quotidien – n'as-tu pas activement conspiré à ta propre servitude ? Tu t'essouffles, tes silences sont chargés de ce que tu n'oses t'avouer. Tu rêvais grand et tu vis petit, ton univers s'est rétréci et se résume à travailler pour lui permettre d'embrasser pleinement sa vie d'artiste. Tu prends des trains tôt le matin, les jours t'enchaînent à ce quotidien, tu n'écris plus. Tes rêves de devenir journaliste se sont envolés. Je t'observe te rabougrir, perdre de ta lumière à mesure que son regard sur toi s'éteint. J'aimerais le secouer, le molester, sa paresse à t'aimer est indigne de vous. J'aimerais qu'il te compose des chansons qui illumineraient tes soirées, mais il est trop absorbé par lui-même. George t'a oubliée dans les bras de sa maîtresse, la musique.

18

L'hallali du cerf

Tu es une proie. Pas de celles que l'on tue rapidement sans les faire souffrir, mais de celles que l'on traque à la course et dont on épuise le cœur. La peur entretenue par le chasseur.

Tu ne sais plus pourquoi tu l'aimes ni ce qu'aimer signifie. Appartenir ? Personne ne tue par amour. On tue plutôt que de perdre l'objet de ce prétendu amour.

Tu ne redoutes pas pour ta vie au sens propre, tu sais que tu n'as rien à craindre même s'il pourrait facilement te balayer d'un simple geste.

Il te possède d'une manière plus insidieuse. Tu vis dans une prison mentale. Beaucoup s'en contenteraient, puisant dans son aura quelques restes de lumière. Toi, tu agonises, tu deviens apathique, sans volonté, presque résignée. Et toujours cet amour qui t'emplit. Tu es terrifiée à l'idée de le perdre, de vous perdre. Tous les repères que tu t'étais construits ont disparu et ton enclos se réduit de jour en jour. Hier encore, tu pouvais aller boire un verre avec des amis. Il trie sur le volet ceux que tu peux fréquenter, exclusivement en journée, à des horaires bien définis. Tu travailles sans relâche, rentres de plus en plus tard pour lui échapper. Tu acceptes de cumuler des missions qui t'assurent de devoir partir avant 7 heures et rentrer après 20 heures, le travail te permet de contourner l'interdit. Tu opposes à tous ceux qui aimeraient que tu t'ouvres à eux un sourire éclatant, qui fait illusion. Ton activité est trop prenante et vos heures trop précieuses pour avoir le temps de flâner en terrasse. Vous bâtissez votre futur et ce mur virtuel se dresse entre toi et tous les autres.

J'ai appris la chasse dès mon plus jeune âge. La chasse pour se nourrir, prendre soin de la nature, la respecter. C'est une définition à laquelle tu ne peux souscrire. Loin de l'idée de préservation, tu y vois un acte de barbarie où se joue un odieux rapport dominant-dominé. Toute femme s'en méfie instinctivement, car elle n'est pas naturellement placée dans cette équipe-là.

Moi, cette nature, je la respecte et la peins dans toute sa cruauté. Mes animaux souffrent, leurs grimaces sont autant de cris silencieux, l'empreinte de leur sang sur la neige impose d'emblée toute la cruauté de la scène et, paradoxalement, lui confère toute sa beauté. C'est le pouvoir que je dénonce dans ces tableaux, le sort réservé au faible, à l'opprimé ou à celui qui refuse de rentrer dans le rang. Ma peinture appelle à ne pas se laisser endormir par les propos des politiques et du pouvoir en général.

Aujourd'hui, les chasseurs ressemblent à des décérébrés, sans morale et sans respect, à l'image de ce qu'est devenue la société. Les maux de mon époque se sont tant accentués que votre monde ne répond plus qu'à la seule loi du capitalisme. Certains de vos artistes s'en insurgent tout en s'y pliant. Je passerais presque pour un enfant de chœur, cela me fait doucement sourire. Si j'avais pu recouvrir certains bâtiments célèbres durant leurs travaux, j'aurais sauté sur l'occasion. Si j'avais eu le temps d'explorer le concept des séries, crois-moi, je m'en serais donné à cœur joie. J'aurais ouvert le chemin à Claude Monet ou Andy Warhol. Mais j'aurais sans cesse tenté de réinventer.

Tu as acheté un livre d'art qui reprend mes scènes de chasse, tu le parcours régulièrement, hypnotisée par ce qu'elles disent de ta propre existence. Tu regardes George d'un œil effrayé et commences à féconder le projet de partir pour éviter l'extinction. Tu paniques. Ta vie tourne tout entière autour de lui. Cela te paralyse et tu me fais penser à ces lapins pétrifiés qui courent vers le chasseur au lieu de s'échapper. Petit à petit, malgré toi, tu distingues les barreaux de ta cage dorée. On pourrait en ouvrir la porte que tu y resterais, tu as littéralement tout à perdre à partir.

19

Le coucher des conférenciers

Dans un élan inhabituel de spontanéité, George a convoqué quelques amis, de quoi remplir la voiture, et décidé de passer une journée loin de la ville. « On va prendre l'air », son ton est moins enthousiaste qu'autoritaire. Rémy au volant, vous autres serrés comme des sardines, ivres de joie, on dirait mes curés au retour de la conférence. D'ordinaire, George monte toujours à l'avant côté passager, il ne conduit pas mais s'autoproclame copilote. Cette fois, Rémy a osé braver le tacite arrangement pour installer sa nouvelle compagne près de lui. À l'arrière, George réprime sa mauvaise humeur, sans doute remâche-t-il sa bonté envers celle qu'il n'a pas encore eu le temps de convertir à sa drôle de secte. Il se ronge les ongles depuis quelque temps, il ne s'en rend pas compte. Il porte sa main à la bouche une première fois, une deuxième et, à la troisième, tu retiens son geste, lui demandes doucement d'arrêter. La réplique ne se fait pas attendre. Il te gifle violemment. Tous sont médusés. Tous sauf toi. Tu intimes au chauffeur de s'arrêter sur-le-champ. Silence de mort. Tu sors en claquant la portière. La voiture repart.

George semble être né sous quelque force funeste, dressant des frontières invisibles que d'aucuns n'oseraient franchir. Cela continue d'être une source de fascination et de mystère pour moi. Tu erres un long moment, chargée d'humiliation, avant de rentrer au bout d'une longue marche accablée.

Le soir venu, George réapparaît et te serre dans ses bras. Son étreinte te répugne et te soulage à la fois. Il t'entraîne doucement vers le canapé, et tu n'as pas le courage de résister, ces gestes sont devenus si rares. Il te lèche, prend tout son temps, te soumet à cette étrange tyrannie. Il te fait l'amour lentement, tendrement, comme avant. Comme avant l'indifférence délétère qu'il t'impose depuis tant de mois, et qui te meurtrit bien plus que cette gifle sonore et spectaculaire. Tu as déjà renoncé à exiger les excuses que tu serais en droit de recevoir lorsqu'un autre coup, verbal celui-ci, part et anéantit tout espoir. « Tu l'avais quand même bien cherché. »

Je n'ai jamais porté la main sur une femme. J'ai toujours utilisé mon art pour infliger un soufflet. *Le Retour de la conférence* que j'ai peint est considéré comme une toile-gifle. Elle a fait un énorme scandale, une réussite totale.

Je me contentais de montrer le caractère réel de ces rencontres entre ecclésiastiques. Je suis d'ailleurs triste qu'il n'en subsiste plus que mes croquis. *Le Coucher des conférenciers* représente la gueule de bois monumentale, passée sous silence, dont ils souffraient forcément. On a prétendu que j'adoptais une fois de plus une posture de provocation primaire aux seules fins de notoriété. On m'a parfois prêté plus de finesse que je n'en avais réellement. Je ne comprends toujours pas en quoi ce serait mon œuvre qui serait scandaleuse quand ces cléricaux sont tout sauf des saints. La séparation du pouvoir entre l'Église et l'État ? Une vaste fumisterie offerte par mon siècle. J'ai découvert avec joie que la loi sur le principe de la laïcité de 1905 est même devenue constitutionnelle en 1946. N'en demeure pas moins que George, Charles[1], comme des millions d'hommes, continuent eux à ne pas séparer l'amour et le corps, l'amour et la possession de l'autre, comme si les femmes leur appartenaient par amour ou, pire, par logique. Il faudrait une loi de séparation des corps, cela mettrait au clair beaucoup de choses pour ces messieurs.

Un peintre le sait pertinemment – et, s'il ne le sait pas, l'apprend très vite à ses dépens : ni son œuvre ni son modèle ne lui appartiennent. Il peut se bercer d'illusions et croire qu'il finira par les dominer, tôt ou tard, il réalisera que c'est en leur rendant leur liberté qu'elles fusionneront avec lui.

1. Baudelaire.

Ce qui s'est passé dans cette voiture, c'en est trop, tu as atteint un point de rupture. Consciemment ou non, ton corps sait que tu partiras un jour, tu ne pourras plus rester.

Je l'aurais provoqué en duel pour cette gifle si j'avais encore été vivant. Ton père s'en est d'ailleurs chargé, à sa façon.

20

Biche forcée sur la neige

Tu vois arriver les fêtes de fin d'année avec une certaine mélancolie, il en est ainsi depuis l'enfance, as-tu un jour confié à George.

Votre séparation a lieu un soir de décembre. Vous regardez un film, quatre couples en huis clos lors d'un week-end à la campagne évoquent leur passé et leurs adultères[1]. J'ai toujours pensé qu'on pouvait parler d'une antinomie naturelle entre l'amour et la fidélité, qui se fond dans l'idée de propriété, de possession – un rempart, une parade à notre peur de l'abandon et de la solitude.

Le film me semblerait d'un ennui mortel si je ne l'étais pas déjà, mort. Je sens poindre une vibration différente entre vous. J'ai à peine le temps d'envisager une énième dispute que vous lancez, en chœur : « J'espère qu'on ne finira pas

1. *Le Déclin de l'empire américain*, Denys Arcand, 1986.

ainsi. » Finir. Étrange conception de la vie. Vouloir à tout prix se projeter aussi loin que la mort et tracer une ligne ininterrompue jusque-là, se priver de toutes les surprises que l'existence peut receler, n'est-ce pas une approche mortifère ? Il prononce le premier les mots terribles que tu ne souhaitais pas exprimer. « Se séparer. » La musique t'a remplacée depuis longtemps dans son cœur vide, l'évidence te frappe. Votre amour a rendu son dernier souffle, il est mort d'avoir voulu prendre toute la place. Il neige, tout est étouffé, les sons de l'extérieur, ton cri intérieur.

Ma toile *Biche forcée sur la neige* est votre amour à terre, et mon existence après la chute de la colonne Vendôme. Le manteau de neige sur lequel elle est couchée est leur étincelant écrin. Théophile Gautier estime que de telles dimensions n'étaient pas nécessaires pour cette scène. Je ne sais pas ce qu'il lui faut pour une agonie... Un dé à coudre, peut-être ?

Je me plais à parer de bleu la neige de mes tableaux. Plusieurs de mes amis se sont enquis de la raison pour laquelle je ne conserve pas le fond de mes œuvres en blanc lorsque je peins un paysage hivernal. Je la recouvre au préalable de brun avant de pouvoir pleinement jouer du volume et retranscrire le bleu particulier qui en ressort. « Je fais comme la lumière, j'éclaire les hauts saillants. »

Je suis mort en hiver, plus exactement le 31 décembre 1877. Ironie du sort, j'aurais dû commencer à verser la première annuité, à la suite de la condamnation à faire remonter la colonne Vendôme à mes frais, le 1er janvier de 1878. Je suis assez satisfait de cet ultime pied de nez à l'histoire. Même s'il n'en reste pas grand-chose aujourd'hui. Je suis parti en étoile filante dans un firmament morose. Un jour bleu.

21

Jo

Tu attends à l'arrêt de bus. Dans cette banlieue où l'on ne se promène pas. Personne n'y arrive au hasard de flâneries de quartier. Il n'y a pas d'affichage lumineux. Pas de décompte précis de minutes en secondes vers le prochain véhicule salvateur.

Un panneau cartonné annonce des horaires dont on pressent l'approximation. Environ 17 h 47.

Tu es au milieu de nulle part. Entre n'importe quand et juste après.

Tu attends. Le bus qui te délivrera de cet endroit.

Celui qui t'emportera loin de ce lieu putride. Loin de cette douleur que tu brûles d'abandonner sur ce banc. Tu n'aspires plus qu'à fuir. Monter dans le bus, t'éloigner sans jamais te retourner. Respirer. Partir loin, très loin. Ailleurs. Oui, mais où ? N'importe où, loin de cette poisse.

Le bus n'arrive pas.

Tu te lèves.

Peut-être que la souffrance collera, restera accrochée à ce banc dans cette vilaine banlieue. Juste un peu. Pour te soulager.

Tu regardes autour de toi, cherchant l'horizon. Mais la vue est bouchée. Par des lignes d'immeubles. Un peu plus loin, un château d'eau, celui-ci n'est pas issu d'un conte de fées. Tout autour, du béton triste qui nourrit ta douleur. Je pourrais explorer ces teintes de gris sale pour en rendre toute la présence oppressante, j'aimerais capturer au pinceau ce chagrin par lequel tu te sens aspirée. Ces nuances de gris ne sont pas sans me rappeler les vagues et la houle mais évidées de leur substance : le béton en a absorbé toute la beauté.

Tu lèves les yeux au ciel. Lui aussi est gris, dans cette région sans lumière. Tu aimerais accrocher du regard un peu de grâce, rien qu'un bout.

Tu fermes les yeux et imagines le ciel bleu, plus loin, au-dessus de la grisaille. Puis l'espace. Puis l'encore plus loin.

Et soudain toute cette immensité te ramène à ta petitesse. Comme écrasée. L'espace devient ton chagrin. Il fonce sur toi, s'abat de toutes ses forces sur ta carcasse humaine. Tu sens que même écrabouillée par cette violence tu continueras à exister, boule de douleur informe. Sans échappatoire. Aucune perspective. Quand on est devenu si petit qu'on n'a plus d'autre choix que de rester immobile, la souffrance prend la forme de l'infini.

Tu t'imagines entièrement figée, perdue pour l'éternité. Le désespoir s'apprête à t'engloutir.

C'est l'exact moment choisi par le bus pour arriver.

Quelle force te pousse à y monter alors qu'un millième de seconde auparavant tu étais condamnée à perpétuité dans cet enfer ?

Tu laisses un infime morceau de toi-même à cet arrêt de bus. Tu ne te retournes pas de peur de voir le gouffre qui allait t'avaler.

Tu sais que plus rien ne sera jamais comme avant. Toute ta vie sera marquée par cet instant où tu n'étais plus ni vivante ni morte. Tu y repenseras souvent avec une acuité telle qu'il te faudra à chaque fois prendre des précautions pour ne pas sombrer. La faille est là, à jamais.

Tu sais aussi que tu es une rescapée. Tu penses à tous ces fervents qui aspirent au paradis et craignent la géhenne après leur mort. Toi, tu sais que l'enfer est ici, possible déjà. Tu l'as frôlé, en as senti la puissance et la paradoxale vacuité.

Déjà le soulagement te gagne. La peur, tu te sens perdue. Mais aussi totalement, incroyablement vivante.

C'est ce que je me tuais à leur dire. Il faut se sentir vivant. Tu l'as quitté pour pouvoir survivre.

« Je songe autant à me marier qu'à aller me pendre ! », clamais-je à mes parents, en abandonnant les études de droit que j'avais fait semblant de commencer, pas encore libéré de l'emprise de la société sur mes choix de vie. Lorsque j'ai quitté Virginie et Désiré dix ans plus tard, ou plutôt lorsque Virginie est partie s'installer à Dieppe, j'étais à la fois dévasté et soulagé. Dévasté, car je ne pouvais que constater mon incapacité à faire passer ce petit et sa douce maman avant mon ambition dévorante. Rejoindre Dieppe aurait été pour moi une mort intérieure qui m'aurait avalé, je m'y suis refusé par instinct de survie ou lâcheté, je ne suis pas à un qualificatif près tant ma vie a été jugée selon des normes vaines et petites, auxquelles j'ai toujours refusé de me plier. « J'ai suffisamment à faire avec l'art sans m'occuper de ménage », fanfaronnais-je. Il me semblait que partir revenait à m'enterrer vivant, fût-ce par amour pour une femme. L'amour n'a jamais sauvé personne, surtout pas de soi-même. Ils ont été nombreux à ma mort à penser que j'aurais mieux fait de rester, au regard de mon exil et de ma disgrâce. Virginie a eu l'élégance de m'épargner cette double mort. J'aurais renié ma vie d'homme et ma vie d'artiste. On pourrait être tenté de diviser le monde entre celles et ceux qui restent, et celles et ceux qui partent. Je crois qu'une fois que l'on sait, il est impossible de « dé-savoir ». Probablement le prix de la liberté.

22

Le sommeil

Chaque nuit, George rôde à l'ombre de tes rêves.

Tu n'oses t'avouer à toi-même l'échec de votre amour, ta défaite face à la vie et aux règles du monde. Tu te voyais triomphante, *Voyez ce que l'on peut accomplir par la force pure de l'amour.* Tu as confondu aveuglement et détermination et t'assieds à la table des vaincues, la soupe est amère. Tu sais pourtant qu'il va falloir tout assumer.

Qui mieux que moi pour t'accompagner sur ce chemin ? Mon époque n'était pas prête à poser les yeux sur la réalité et à revoir ses codes de beauté. Il aura fallu du temps pour que mon art soit apprécié par les esprits étriqués. Aujourd'hui on se gargarise, on s'extasie devant mes toiles. Le regard individuel n'a pas changé, les conventions ont simplement évolué. Elles restent des conventions.

Certains artistes contemporains ont fait bien « pire » que moi, je passe désormais pour un enfant de chœur.

Dans le conte *Les Habits neufs* d'Andersen, un empereur, qui n'a de soucis qu'au sujet de sa vêture, convoque les meilleurs tailleurs du monde pour lui tisser le plus beau des vêtements. Aveuglé par sa vanité, il se laisse convaincre par deux escrocs – ils seraient capables de réaliser une étoffe invisible aux yeux des inaptes ou des idiots. Des heures durant, les escrocs tissent des fils imaginaires, et lorsque vient le jour de revêtir la tenue, l'empereur ne voit rien. Serait-il donc inapte ou idiot ? N'osant révéler sa sottise, il s'extasie face au vide. Sa cour n'ose pas le contrarier et fait de même – l'empereur défile nu comme un ver devant son peuple, seul un enfant s'écrie : « Le roi est nu. »

Tu es cette enfant qui voit et pourtant refuse de crier « Notre amour est mort ». Je comprends la raison profonde de ma présence auprès de toi. Je suis le seul à avoir suffisamment d'arrogance pour prétendre révéler le beau au travers du laid. Te souviens-tu cependant que je ne déforme rien, qu'il va te falloir affronter ta répugnance ? Je pourrais te rassurer, faire l'éloge de votre passion hors normes, aux contours si romanesques. Hélas pour toi, mon réalisme est surtout reconnu pour montrer les choses telles qu'elles sont. Auras-tu le courage de faire face à la fange, au remugle de vos sentiments ? Je ne peux même pas affirmer que tu en sortiras grandie, tu connais le sort qui m'a été réservé, pas d'expiation à attendre, ton âme ne sera pas purifiée par nos mots. Je n'ai jamais cherché à libérer l'humanité du voile qu'elle avait sur les yeux, mais pour toi, j'aspire à le faire. Avant de le préserver, lui, j'aimerais que tu te sauves, toi. La chanson *Hope There's Someone* de Antony & the Johnsons résonne en toi, « *Hope there's someone / Who'll take care of me / When I die, will I go / Oh I'm scared of the middle place*[1] ». Tu t'es longtemps imaginé que cet entre-deux n'existait que dans la vie. Il vaut aussi pour les morts, j'en suis la preuve.

1. « J'espère qu'il y aura quelqu'un / Pour prendre soin de moi / Quand je mourrai, où irai-je ? / J'ai peur de l'entre-deux. »

23

La falaise d'Étretat après l'orage

Tu rêvais d'avoir des enfants. Pour lui c'était une entrave. Cela peut sembler paradoxal pour une fervente défenseuse de la liberté individuelle. Je considère cela comme ton œuvre personnelle.

La redéfinition du rôle de père proposée par ton époque me laisse songeur. J'ai beau l'observer depuis un certain temps déjà, j'avoue que cela me dépasse. On peut désirer un enfant de la femme qu'on aime éperdument, il n'empêche que l'on réalise, sans doute trop tard, qu'il nous morcelle. Le deux deviendrait trois ? Pas vraiment. Le deux se trouve tronqué par le trois, estompé, amputé. Plus rien n'est comme avant, et ça, George le sait d'instinct. J'ai plongé dans l'inconscience d'être parent. Mon rôle se bornait à donner un nom que je n'ai même pas daigné faire porter à Désiré et à gonfler ma poitrine de l'orgueil d'être père et d'avoir une descendance. Foutaises !

J'ai peint mon fils dans plusieurs toiles, *Les Cribleuses de blé* et mon *Atelier*, cela ne m'a jamais aidé à devenir père. On devrait apprendre à être parent comme on apprend à être peintre, en étudiant les gestes, en reproduisant, puis en adaptant à sa propre main, jamais en imposant des règles et des techniques. Non, jamais! En peinture, chacun est libre d'ériger ses propres lois. Mais il aurait fallu avoir conscience que cela était nécessaire et que, de même que la toile m'a toujours appelé de manière impérieuse, l'enfant aurait ses propres exigences. Avant nous avions des principes, maintenant nous avons des enfants.

Toi, tu as foncé tête baissée dès la séparation, tu as cherché un nouveau compagnon à l'opposé exact de George. Tu as cherché un géniteur, bien sous tous rapports. Je ne peux pas te donner tort. Tu étais faite pour être mère. Tu sais exactement ce que tu veux. Transmettre avec force. Tu as toujours été un drôle d'oiseau. Depuis que tu as ce désir d'enfant, je sens que mon rôle va prochainement s'achever. Mon esprit devient myope, les contours sont indistincts, le fruit d'une mauvaise mise au point, une peinture qui aurait tremblé sur sa propre toile. Cela me perturbe un peu, les émotions qui l'accompagnent s'évaporent progressivement. Je suis dans un cosmos flou.

Durant une période transitoire, tu vis chez tes parents et prends régulièrement le train. Tu y fais la connaissance d'un homme. Un de ces réguliers qui empruntent chaque jour la ligne aux mêmes horaires, matin et soir. Cette forme de normalité devient un repère dans l'océan d'incertitude qu'est devenue ta vie. Tu te prends à espérer que cet homme du train puisse être le père de ton futur enfant. Comment te dire qu'il n'est absolument pas taillé pour le rôle ? C'est un homme transitoire. Si tu suspendais ne serait-ce qu'une seconde le pinceau, reculais d'un pas et contemplais ton œuvre, tu réaliserais immédiatement que ce voyageur va te servir de bouée, de ces bouées que l'on voit à Étretat, peu vaillantes, ballottées par les courants, mais qui permettent de se rassurer, elles ne sont jamais très éloignées du rivage. Cela t'empêcherait-il de plonger ? Certainement non.

Ce matin encore, la brume persiste, se confondant avec le calcaire des falaises environnantes, rendant poisseuses les collines, les mains, les cœurs.

Tu les as arpentées aussi, ces terres verdies de tant de pluies fines. Tu les as abhorrées pour finir par en tomber amoureuse, à retardement. Au début, tu croyais que j'étais normand. Ignare, tu cherchais désespérément la mer sur mon bel *Enterrement à Ornans* et ses falaises du Doubs. Quand j'y repense, faire croire en fond de toile à la possibilité d'une étendue grise, verte, bleue, la Manche à portée de main, l'idée m'aurait bien plu. Ah ça, elle avait de l'allure ma cérémonie, quoi qu'en pensent les gougnafiers du Salon !

Tu quittes ensuite la Normandie, rejetant en bloc ce passé avec George. Moi aussi, j'ai aspiré à me libérer de la

Franche-Comté. Étretat, c'est autre chose, le lieu saisit le regard, entraîne dans une déambulation, sur une infinie palette de couleurs comme un parallèle aux chemins de vie que tu as empruntés et auxquels tu as renoncé.

Cette première impression est celle de l'Aurélien d'Aragon. « La première fois que je vis les falaises, je les trouvai franchement laides. » Et c'est pour cette raison exacte que j'ai eu envie de les peindre. Et c'est pour cette raison exacte que je sais à quel point il aurait été vain de lutter pour te faire entendre raison.

Les galets, le mauvais temps, cette petite pluie fine qui pénètre l'âme et la détrempe. Cela aurait pu me faire détester la Normandie, ce ciel bouché par ce gris qui salissait tout, du blanc des falaises au délavé de la mer. Mais ça me rappelait Ornans, la mer en plus, inestimable cadeau de la nature.

Sur toi, la Normandie a eu un effet salvateur, d'une certaine manière. Quittant cette région grise et maussade, tu t'inventais une vie plus reluisante, à la ville, celle de tous les possibles : Paris. La vérité est qu'ici comme ailleurs, tu trouvais refuge dans les livres. Même sous un ciel azuréen, tu aurais traîné avec toi cette mélancolie dont on ne sait jamais trop d'où elle surgit. Voir le monde tel qu'il est, sa beauté et sa laideur réunies, ne devrait pas être possible trop jeune, cela expose à une forme de mal-être parce qu'il ne suffit pas d'avoir des yeux pour comprendre tout ce que la vie vous réserve.

Tu ne voyais en la Normandie qu'une Bérénice mal fagotée, tu n'avais pas encore été domptée par cette mer-là, tu rêvais de sable fin, de bleu et d'un peu de chaleur. Je pense pouvoir dire, sans flagornerie aucune, que c'est grâce à moi que tu as pu te réconcilier avec elle. Bien plus tard.

Tu attires l'homme du train sur le terrain de l'ingénue, lances quelques appâts pour vérifier que le poisson va mordre. Tu excelles à ce jeu, George n'a absolument rien à t'envier dans le registre. Et ça prend, il t'invite à dîner, te sort le grand jeu, les fleurs, les soirées au coin du feu dans sa maison de campagne. Il est aux anges, imagine déjà sa demande en mariage, je lis dans ses yeux tout ce qu'il projette sur vous deux, une vie normée, planifiée, attendue.

Tu t'appuies sur cette relation, elle te sert de béquille pour sortir de ton ancienne vie. Tu essaies de te convaincre qu'une existence simple est possible. Je sais bien, moi, que c'est inimaginable. Je comprends aussi à quel point il est difficile de regarder la réalité en face. Je te laisse t'inventer cette histoire de toutes pièces, je te passe même le pinceau, tiens, si tu souhaites placer quelques retouches à ce tableau. Une chose est certaine, ton œuvre ne relèvera pas du mouvement réaliste.

L'homme du train aime les plages normandes, que tu préférerais fuir. Tu le suis un temps dans ces week-ends qui te distraient de ta douleur. Cette relation de transition n'est pas déplaisante, elle est fade. Les virées au bord de la

Manche te rappellent une autre mer. Il ne supporte pas longtemps cette place de remplaçant, se sent à la hauteur, inconscient du fossé qui sépare votre amourette de ton histoire avec George. Sa brosse à dents apparaît dans ta salle de bain, tu ne dis rien et lui accorde ce petit confort. Quand tu comprends qu'il s'installe, tu te mets à exécrer cet homme et sa vision du monde et lui demandes de partir. Dans son désespoir, il souhaite récupérer un ou deux objets qui traînent chez toi. Tu lui remets un panier garni, contenant une éponge, une bouteille de cognac à moitié vide et sa brosse à dents. Je souris à la symbolique de la rupture sur fond de dentifrice. Il la vit comme un affront, là où tu te contentes de faire ce qu'il a demandé, telle l'automate que tu es devenue. Même dans une nature morte, le bois est plus vivant que ce que tu traverses durant cette période dans l'ombre de votre relation.

La chroma[1] désigne la variation de l'intensité et de la pureté d'une couleur. Les teintes primaires sont entièrement saturées et deviennent plus ternes, plus sales à mesure que la saturation diminue, jusqu'à atteindre un point où quelle que soit l'oxydation, la couleur n'évolue plus. En musique, le phénomène se produit lorsque l'ampli ne peut plus délivrer de puissance supplémentaire : on cherche en vain à augmenter le volume.

1. Chromaticité.

24

La voyante

La rupture avec l'homme du train te renvoie à vos dernières vacances avec George, vous êtes sur une plage, au soleil de la Méditerranée.

Le lieu te donne envie de vivre plus fort, de pousser la saturation à l'excès. Pour rien au monde tu n'admettrais que la mort rôde et que quelque chose s'est éteint. Pourtant, comme d'habitude depuis quelques mois, vous n'avez pas fait l'amour, après ne pas vous être embrassés tendrement, après ne pas avoir senti le désir monter en vous. Tout autour, des couples se nouent, des copains dans le printemps de leur amour, ils se jettent des regards langoureux et se caressent.

Tu refuses encore de voir la réalité en face, t'obstines à garder tes désillusions sur la vie de couple, et les combles par des poncifs rassurants : après la flamme des premières années, l'amour se transforme en tendresse, la vivacité en réconfortante tiédeur. Tout plutôt qu'admettre que votre couple bat de l'aile. Tu adoptes le discours d'une femme rompue à la vie conjugale, après vingt-cinq années de mariage. Et pourtant, tu n'as pas encore vingt-cinq ans.

Tu reçois tous les signaux d'un amour mort. L'insouciance de l'été t'en jette au visage les preuves, que tu ignores, éblouie par trop de lumière. Tu étouffes ton moi en profondeur et le noies dans cette mer qui te nargue. Car tu ne veux pas renoncer au Prince charmant, tu refuses de rendre tes pantoufles de vair, de voir le toc sous la dorure. Pourtant, tu as cessé d'être une princesse. Sur cette plage, tu réapprends ce qu'est l'amour. Non par une rencontre mais par l'évidence de son absence. Tu éprouvais le même vide quand tu cherchais à t'émanciper de tes parents. Il va te falloir trouver le moyen de le combler par toi-même.

Si j'en crois vos médias, un couple sur trois divorce en France, et même un sur deux en Île-de-France. Tu vas donc tôt ou tard renforcer les statistiques, être sacrifiée à l'autel de l'Insee.

Sans vouloir croire aux signes, ou plutôt parce que vous en voyez partout en dépit de toute rationalité, le jour où vous divorcez, il est 9 heures, un 9 septembre. Cela dure 9 minutes. Le juge n'a sans doute jamais vu ça dans sa vie de juge aux affaires familiales. L'avocat non plus : un seul. Qui semble étonné, presque déçu de tant de gâchis. Je l'entends penser *Pourquoi divorcer si tout se passe si bien ?*

Ils semblent se demander où va le monde – cas fumants, force complications, couples déchirés, familles éclatées, propriétés disséquées – si leur pain quotidien leur est retiré. Et liquidités garanties bien entendu. Votre avocat a tenté le coup, lançant sur un ton badin : « Rien de changé, depuis notre dernière entrevue ? » Une vraie petite tête chercheuse d'ennuis. J'assiste fasciné au renouvellement éternel de la machine judiciaire française qu'il m'a été donné de connaître dans de terribles circonstances. Ma condamnation pour la colonne Vendôme a même débouché sur un projet de loi qui portera mon nom à titre posthume, définissant les conditions de sa reconstruction, alors que je n'avais ni ordonné ni participé à sa chute.

D'un autre côté, vu le temps qu'il a dû passer sur le dossier, votre avocat se dit que vous êtes sans doute son affaire la plus rentable. Cela ne lui semble pas être un argument suffisant. Si on commence à divorcer entre gens civilisés, c'est tout un pan de l'activité qui en prend un coup. Un véritable gâchis pour la profession.

Vous vous retrouvez sur le trottoir, un peu bêtes, silencieux, chacun soulagé que « cela soit fini », pressés de reprendre le cours de vos existences après cette parenthèse, étrange incursion de l'ancienne vie dans la nouvelle. À quelques centaines de mètres se trouvent la mairie où vous vous êtes mariés et son jardin aux souvenirs de votre histoire passée. Sur l'autre rive de la ville, le quartier où vous avez grandi.

Le divorce est réussi. Entends bien toute l'âpreté de ces mots. George semble satisfait de cette forme d'absolution au regard de votre entourage ; George à la ville, George civilisé, a joué son dernier numéro. Il flatte son amour-propre et s'assure du soutien et de l'assentiment de vos amis communs. L'avis des autres vaut validation. Ton siècle et le mien ont tant en commun. Ta soif d'indépendance répond à la mienne. Tu ne t'attendais cependant pas à payer le prix fort pour exercer ton droit à agir comme tu l'entends. Tu sais ce qu'il m'en a coûté. Aurions-nous pu agir autrement ? J'en doute fort.

25

L'homme blessé

Dix. Dix ans que vous ne vous êtes pas vus. Peut-être onze, douze, mille ans. Tu es de passage chez tes parents. Vous êtes assis à la terrasse d'un café que vous fréquentiez jadis. Tu le trouves toujours aussi beau, inutile de te persuader du contraire, tu vous imagines plus tard, peut-être déjà vieux, vivre une nouvelle histoire, vierges et purifiés de vos premières amours. Tu vous imagines et aimerais que tout cela devienne vrai.

Fière, d'une fierté de grand mâle félin, tu opposes à son évidente émotion de te revoir une froideur qui le déstabilise, presque imperceptiblement ; je surprends une lueur dans son regard, il cherche la faille par laquelle il va pouvoir te toucher. Il a compris que les règles avaient changé, en invente de nouvelles et déverse sa mélopée, cette vie sans toi, ses douleurs, ses tripes, sa solitude, ses sentiments. Pour un peu je me ferais avoir, le bougre a de la ressource. Et tu plonges, suspendue à ses paroles comme à une ligne de survie. Qui pourrait t'en vouloir ?

Ton George c'est mon *Homme blessé*, votre histoire celle de ma toile. Au départ, ma douce Virginie était allongée à mon côté, puis elle m'a quitté. De rage, je l'ai effacée. J'ai peint à sa place le trait rouge de la blessure éternelle qu'elle m'a infligée. Je suis devenu le presque-dormeur du val de ce cher Arthur Rimbaud[1]. Ce qui m'a le plus manqué chez elle, c'est l'odeur de sa chair, que j'associais à un rose poudré, tendre et brillant. Les parfums n'ont plus jamais fait frissonner ma narine de la même façon après cela. Si je croisais une femme portant la même fragrance, j'éprouvais soudain pour elle un mélange de désir et de dégoût. J'avais envie de la posséder et de punir ainsi toutes les Virginie du monde. Je n'ai jamais pu me séparer de cette toile, dans laquelle même effacée, elle est demeurée présente toute ma vie, telle une plaie impossible à cicatriser. Elle m'a accompagné jusqu'en Suisse, avec mon *Désespéré*. J'aurais voulu l'emporter jusque dans ma tombe, c'est ma sœur Juliette qui l'a sauvée de ce dernier repentir.

1. « Les parfums ne font pas frissonner sa narine ;
Il dort dans le soleil, la main sur sa poitrine
Tranquille. Il a deux trous rouges au côté droit. »
Dernière strophe du poème d'Arthur Rimbaud *Le Dormeur du val*, octobre 1870.

C'est lui qui a repris contact. Il a mandaté un ami pour t'envoyer une chanson composée pour toi, « Tu es ma première... celle qu'on croit la dernière ». Elle dit tout de votre amour fou. De la folie, oui. Si le courriel avait été de lui, tu ne l'aurais pas ouvert. Dès les premières notes, tu l'as reconnu, son timbre grave qui excelle à rendre la tendresse et la mélancolie. Par curiosité, ou par flatterie, tu as écouté le morceau jusqu'à la fin, déjà vaincue.

J'ai écrit plusieurs chansons dans mes jeunes années. La musique touche les âmes sensibles, peut-être plus encore que la peinture. N'en déplaise à Berlioz, qui ne supportait que la musique classique, j'aimais associer les sons aux couleurs et aux formes, imaginant un *la* flirter avec le bleu-vert d'une vague dans la mer, le *do* s'échouant avec le blanc de la vague. Sa chanson à lui m'évoque le roux de la chevelure de Joanna et le brun profond du sexe de Constance[1], couvrant délicatement l'entrée de la grotte. Elle provoque l'envie irrésistible de plonger.

La suite est d'une logique implacable, tu as accepté de le revoir. Je vous observe dans cette danse étrange. Il te veut, tu le sais et tu en joues, forte de ta nouvelle vie. Tu t'es reconstruite, puisant dans ta rage et ta volonté de prouver ta liberté et ton indépendance. Il manque une

1. La danseuse et demi-mondaine Constance Quéniaux serait le modèle qui a inspiré à Gustave Courbet *L'Origine du monde*, selon les recherches les plus récentes.

dernière dimension à ton existence pour te sentir pleinement accomplie. Tu veux un fils maintenant. Ce désir d'enfant est impérieux, et tu as l'intuition que ce sera un garçon. Lui n'en voudra jamais, cette certitude vous sépare et te déchire.

À t'observer, j'imagine Virginie seule avec Désiré. George n'aurait pas été meilleur père que moi. Oh, j'ai payé tant que j'ai pu pour l'éducation de mon fils. Enfin, jusqu'à l'épisode de la Commune. La colonne Vendôme, je ne l'ai jamais peinte. Même pas ébauchée sous la forme d'une ombre que l'on devinerait dans un paysage. Je me suis contenté d'inciter à la faire déplacer. Je n'approuvais pas ce phallus dressé à la gloire de Napoléon, j'ai opté pour le *coïtus interruptus* de régime. Elle commémore la campagne d'Allemagne, la Grande Armée remportant la bataille d'Austerlitz. Les révolutionnaires avaient tracé mon chemin en faisant tomber la statue du Roi-Soleil au même endroit en 1792. J'ai proposé qu'elle soit érigée aux Invalides, le lieu me semblait plus approprié, nous menions une lutte toute symbolique. Moi, ce qui m'intéressait, avant tout, c'était de protéger les œuvres d'art contre le vandalisme et la destruction que ne manqueraient pas de provoquer la guerre civile. Cela s'était déjà vu avec les Prussiens. Ma motivation profonde peut se résumer en quelques mots : « Nous avons le champ libre aujourd'hui. Par conséquent, abandonnons les vengeances, les représailles, les violences; établissons à nouveau un ordre de choses qui nous appartienne et qui ne relève que de nous.»

Trois. Trois jours. La Commune a tenu trois jours avant que le régime, Napoléon, reprenne le dessus. Il fallait trouver un coupable. Qui mieux que moi pour porter le chapeau? Déplacer la colonne s'est mué en faire tomber, en saccager, en «bouc-émissairer» et j'ai été condamné. J'ai payé pour avoir, une fois de plus, montré le chemin de la démocratie et de la liberté.

Trois cent vingt-trois mille francs. Ce sera le prix à payer pour mon insolence, mon non-conformisme et mon appel à renverser César Napoléon. Le salaire moyen est d'environ cinq francs à mon époque, tu imagines ce que je devais rembourser? Je suis parvenu à négocier un paiement en annuités, à compter du 1er janvier 1878.

Me voilà donc traçant sans le savoir la route à un certain Jérôme Kerviel, tous deux banqueroutés. Vous me faites quand même bien rire avec ce doux agneau, corrompu du système, qui s'est fait prendre la main dans le sac. Un fanfaron, au mieux, un épouvantail, mais un démocrate certainement pas!

J'aurais pu être un bon père, j'aurais pu aider le petit à trouver sa propre voie, comme j'ai tenté de le faire pour les jeunes peintres que j'ai pris sous mon aile. J'aurais sûrement été meilleur mentor que figure paternelle, j'estime malgré cela que je n'ai pas à rougir de mes accomplissements, j'ai toujours agi selon mes convictions profondes. En bon père et bon mari, certainement pas.

Vous discutez à cette terrasse, tels de vieux amis enfin retrouvés. « Pourquoi maintenant ? » lui demandes-tu. Il te répond par de longs détours, usant de ficelles aussi larges que mes bretelles. Il revient sur son dernier message, qui se terminait par une invitation ouverte à vous revoir : « À quand tu le souhaites, dans une semaine ou dix ans, si Dieu nous prête de vivre jusque-là. » Il te remercie d'avoir choisi le maintenant, souligne ton empressement, son message n'appelait aucune urgence, lui est prêt depuis longtemps. S'il n'y a pas de maintenant, pas d'urgence, invoquer Dieu et sa volonté unique de vous faire vous retrouver est un coup de maître, tu as à peine réfléchi à comment avancer un premier pion que la partie est déjà échec et mat.

Comme il n'y a pas de maintenant, il n'y a pas non plus de toujours. On se croit immortels, sans doute le sommes-nous un peu puisque je viens hanter ta conscience, mais ne finirons-nous pas par nous dissoudre dans le délice d'un inconscient collectif qui nous absorbera tout entiers ? Cette pensée a toujours provoqué en toi et en moi une sensation de vertige abyssal. Soit nous sommes bel et bien mortels, finirons par disparaître et il est urgent de vivre pleinement, soit nous sommes éternels et l'esprit est alors incapable de se figurer qu'il n'existe pas de fin. S'attarder sur cette pensée peut rendre fou.

Tu veux dire non et refuser la main tendue, tu cries oui de tout ton corps. Mais tu n'as pas passé tant d'années à l'oublier et à te construire une nouvelle vie pour céder aussi facilement. Il y a surtout un rêve qu'il ne pourra ou ne voudra jamais t'offrir. Cette pensée te sauve. L'enfant est ton unique bouée de sauvetage, tu t'y arrimes fermement. À l'amour tu opposes l'amitié, vous scellez votre réconciliation, mais sous une forme qu'il n'avait pas anticipée. Pour la première fois, tu mènes le jeu. Ce n'est pas pour te déplaire.

26

Le rêve (Le hamac)

Vous fondez les bases d'une nouvelle relation, des appels fréquents, des rencontres espacées, vous échangez virtuellement sur des textes qui un jour pourraient devenir des chansons. Cette amitié aux périmètres délimités anesthésie ta vigilance. Une idée commence à germer en toi, celle de transcender l'échec de votre couple par la création d'une œuvre commune. George s'enthousiasme pour ce projet.

S'ensuivent des mois de travail commun, d'écriture et de séances d'enregistrement dans le studio aménagé dans son appartement – tu n'avais pas ressenti une telle joie, une telle émulation depuis votre rupture. À la fin d'une longue journée de travail, George te propose de rester dormir et de célébrer la naissance de cet album à venir – une nuit chaste, en toute amitié.

Tu es belle dans ta robe de Cassandre, tu te réjouis intérieurement de ce qu'elle produise enfin son effet. Je sais où va vous mener cette soirée faussement improvisée, j'assiste à votre danse nuptiale, une parade d'oiseaux, je descendrais bien un ou deux verres pour me consoler, tiens, plutôt que de vous observer dîner ensemble dans cette forme de conjugalité retrouvée. Il prépare le lit dans la chambre d'amis, tu es presque déçue mais n'en montres rien. Tu remarques un bouquet sur la table de chevet. Il connaît tes sentiments partagés pour les fleurs coupées, tu les trouves magnifiques mais éprouves quelques scrupules face à cette nature amputée pour ton plaisir ; tu étais faite pour aimer la peinture qui fige cette beauté. Je regrette de ne pas avoir réalisé davantage de bouquets en nature morte. Vous vous quittez sur un sage *Bonne nuit*. Tu es incapable de t'endormir dans le noir, laisses la lumière allumée et cherches le sommeil, bouleversée par cette chanson qui dort, elle, blottie au creux de ton oreille.

La jeune femme lascive, les verts et les rouges des fleurs sur la toile et la lumière en provenance de la clairière de mon rêve, *Le Hamac*, ressemblent à ta chambre d'un soir et son couloir. Tu ne sais plus trop si tu es éveillée ou endormie, perdue dans un songe sur ce hamac.

Tu viens de t'assoupir lorsqu'il surgit dans la chambre.
« Tout va bien ?

— Oui, pourquoi ? » lances-tu d'une voix rauque, chargée de sommeil. Il prend cela pour une invitation, sans doute en est-ce une. « Pourquoi la lumière était-elle allumée ? » Tu hausses les épaules, à quoi bon expliquer l'absence, la peur, la solitude ? De nouveau, il cherche à combler ce vide et t'enlace doucement, caresse ton dos, tes cheveux. J'aimerais te fredonner une berceuse, je l'intitulerais *Danger*, elle t'empêcherait de t'endormir, évidemment.

Sa main déjà saisit ton menton, tu gardes les yeux fermés pour prolonger le rêve éveillé. Il t'embrasse et tu réponds avec tant d'ardeur à ce baiser que j'en tressaille moi-même. Toute l'appréhension qui te saisissait il y a encore quelques secondes s'est transférée en moi. Éternel voyeur, j'assiste à vos ébats. Les années vous ont redonné de la vigueur. Son sexe dressé s'enfonce en toi. La lampe de chevet assiste, stoïque, au spectacle, sa lueur vacillante éclaire vos corps qui s'étreignent.

Chaque semaine, pendant tout le temps que durera l'enregistrement de votre album privé, vos voix commenceront par se mêler avant que vos corps prennent le relais, dans cette même semi-clarté fleurie, jusqu'à l'ultime enregistrement, un jeudi soir.

Tu le quittes au petit matin du vendredi, sans penser au lendemain.

Le rouge de tes ongles vernis contraste avec le noir du volant, le paysage de ce matin gris défile dans le rétroviseur. Tu te remémores l'époque où il te demandait de te nettoyer des traces provocantes et ostentatoires de ta féminité. Vos chemins ont bifurqué depuis tant d'années. Je suis plutôt le peintre des formes que des couleurs, mais encadrer ne m'a jamais aidé à clarifier, je suis effaré par ce contresens. Le cadre coupe l'horizon, empêche de porter le regard plus loin, plus fort. Malgré ma réticence pour le cinéma, je reconnais cependant que ce plan large s'accorde parfaitement avec le son étouffé de ton cœur. Sur la route, tu reconnais le vertige de ces instants qui transcendent la monotonie du banal.

Tu portes ta main à ton bas-ventre. Ce sera un fils, tu le sens, tu le sais. Depuis quelques semaines, tu portes la vie et ne lui en as rien dit. Ce que tu ressens comme une victoire, accomplir ce pour quoi vous vous êtes quittés, tu l'as gardé pour toi. Devenir mère.

Tu n'as plus donné de nouvelles après cela, ton centre de gravité déplacé vers cette nouvelle vie qui arrivait.

27

La mort de Desdémone

Vous ne vous êtes pas revus depuis près de deux années. Tu as coupé les ponts, refermé cette parenthèse pour te consacrer à ton enfant, que tu élèves seule et dont personne ne connaît le père. Tes parents ont avantageusement troqué leur panoplie pour celle de grands-parents aimants et aidants. Ils ne posent aucune question, semblant avoir tiré la leçon de tes silences.

Tu leur as confié l'enfant quelques jours pour partir en randonnée – un temps béni pour te ressourcer et réfléchir à ton avenir. Depuis trop longtemps tu avances à tâtons, un pas puis un autre, tu as maintenant besoin d'une direction.

Le deuxième jour, tu décides de t'attaquer au sommet de la colline qui se dresse devant la fenêtre de ta chambre d'hôtel. Tu pars tôt malgré la menace de l'orage, mais tu n'en mènes pas large. Je ne suis jamais allé dans les Alpes de mon vivant, mais l'immensité, la force des éléments m'ont hypnotisé comme l'avaient fait les falaises d'Étretat. Tu t'abrites sous l'auvent d'une cabane fermée au public. J'aurais aimé peindre l'assourdissement des coups de tonnerre, le sifflement du vent dans les pins. *Dust in the Wind*, une chanson de Kansas, nous compare à de la poussière soulevée par le vent, parfois la musique exprime mieux ce sentiment de notre insignifiance que ne le fait la peinture. Le soleil finit par percer et tu montes jusqu'à cette jolie chapelle perchée, proche d'une source qui me rappelle ma Loue natale, entourée d'arbres. Le vent cesse enfin, épuisé par tant de déchaînements. Le prénom de George te vient à l'esprit, tu fredonnes l'une de vos chansons, et les feuilles à nouveau remuent à l'unisson. Je suis soufflé, telle une brindille qui ne maîtrise pas sa trajectoire, là où George semble commander aux éléments. Il est ici, mais nous ne naviguons ni l'un ni l'autre dans les mêmes dimensions, je ne peux lui parler, je le vois juste aussi clairement que je te vois, la tête penchée, perplexe, à la fois surprise par cette pensée spontanée et pas vraiment étonnée.

Puis, il y a ce coup de fil, cette déflagration. Tu attends cet appel depuis longtemps.

Lors de votre dernière nuit ensemble, votre discussion est intense. George te fait part de sa maladie qui empire et le laissera probablement infirme. Il ne veut rien subir.

Tu le connais si bien, tu sais ce que cela signifie. Choisir le jour de sa mort, être maître de son destin. Entretenir l'illusion d'un pouvoir sur la vie.

Vous passez un pacte, tu seras présente, tu dis oui spontanément, c'est davantage une posture qu'une conviction. Au fond de toi, tu luttes contre la désagréable sensation de t'être rendue prisonnière d'une promesse intenable. D'aucuns diront que George agit par amour, et que c'est là sa plus belle preuve. Toi comme moi privilégions ce qui est exprimé clairement, le choix d'un mot juste pour toi, d'une couleur, d'un format et d'un trait pour moi. J'éprouve plus de difficultés à saisir les motivations qui t'ont encouragée à accepter un tel accord. Je t'expose ce faisant mon postulat. Je veux être ton miroir sincère et je prends le risque d'avancer les idées pour toi. Au sein d'une famille qui ne te comprenait pas, et sans doute te chérissait mal, tu t'es forgée avec la conviction qu'il fallait, pour être aimée, acheter ce privilège et donner sans compter – quitte à sacrifier ta dignité.

C'est bien là notre différence fondamentale. Tout ce que j'ai accompli, c'était pour moi que je le faisais. J'ai agi en mon âme et conscience pour acquérir la notoriété la plus importante possible, vendre mes toiles, rayonner, être connu et reconnu. Les caricatures ? C'est moi-même qui incitais les dessinateurs, qui leur glissais parfois l'idée de génie qui amplifierait ce qui ne s'appelait pas encore la couverture médiatique. Je suis, en toute modestie, le créateur du buzz ! Mon *Atelier* ? C'est le monde qui vient se faire peindre chez moi. Cette unique phrase m'a valu les meilleurs qualificatifs pour créer une controverse, *hautain*, *vaniteux*, *laid*, *grossier*, je pense pouvoir cocher tout le dictionnaire des insultes. Et pourtant, Delacroix dira « Je vais voir l'exposition de Courbet qu'il a réduite à dix sous. J'y reste seul pendant près d'une heure et j'y découvre un chef-d'œuvre dans son tableau refusé ; je ne pouvais m'arracher à cette vue. On a rejeté là un des ouvrages les plus singuliers de ce temps mais ce n'est pas un gaillard à se décourager pour si peu ». Qui se souvient encore de Champfleury à qui j'écrivais « Mon cher ami, malgré que je tourne à l'hypocondrie, me voilà lancé dans un immense tableau, 20 pieds de long, 12 pieds de haut, peut-être plus grand que l'*Enterrement*, ce qui fera voir que je ne suis pas encore mort, et le réalisme non plus, puisque réalisme il y a » ? Qui pour se remémorer Bertall et son *Journal pour rire*, qui m'a bien fait sourire avec cette caricature de mes *Paysans de Flagey* ressemblant à un *Don Quichotte* au rabais ? Pablo Picasso a dû beaucoup rire également de ses propres caricatures de la réalité.

Mais je m'égare, il s'agit bien de toi ici et de cette quête de reconnaissance qui creuse le lit de ton dévouement acharné. Tu es libre de refuser à George cette dernière supplique, de t'épargner la douleur d'assister à son suicide programmé. Ma pensée se précise à mesure qu'elle est formulée, mais maintenant je tiens ferme mon propos : assister à son suicide, c'est t'assurer de tenir la fonction qu'il a créée pour toi, et dont je crois bien qu'il est resté le seul pourvoyeur. Assistante. Assistante de vie, assistante commerciale, assistante son, assistante de direction, assistante sociale. Tu as longtemps ignoré – ou voulu ignorer – les clauses léonines régissant vos échanges amoureux et vivre dans l'illusion d'un contrat tacite, avec accord des deux parties. Son amour contre ton héroïsme. Et si tu sortais de ce rôle imposé ?

Hélas pour moi, tu tiens parole. Le numéro de sa sœur s'affiche, tu décroches, en plein mois d'août, durant ces vacances censées te ressourcer, qu'il va te falloir interrompre – tu as presque le temps d'échafauder un plan pour rejoindre la Suisse.

Je tourne autour du pot tant ta douleur irradie à l'approche de l'épicentre. Au pinceau, je pourrais tracer les contours d'une fournaise, avec d'infinies précautions, la chaleur mordrait au travers de la toile, les flammes viendraient lécher ton visage et la peur te prendrait au ventre.

« Il est mort. »

Tu ne comprends pas tout de suite ce que la voix t'annonce.

Il y a erreur, ce n'est pas sa voix, ce n'est pas ce qui était convenu. Ce n'est pas le plan. La voix répète.

« Il est mort.

— Non. » Tu ne cries pas, tu te contentes de cette injonction, ce non qui refuse en bloc. La voix se trompe, cherche à te leurrer, tu t'y opposes avec la plus grande fermeté. La voix te demande, entre deux sanglots, comment elle va pouvoir survivre, elle aussi, à cette perte abyssale.

Tu continues à dire non mais ton corps, lui, a enfin compris et le message se diffuse dans chacune de tes cellules. Tu t'écroules dans un hurlement sans son, la douleur si forte qu'elle te paralyse. Je ne saurai jamais peindre une telle scène. Celle de la seconde juste après. Il y a très exactement une seconde, il était vivant. La pensée semble effacer l'indescriptible.

Il est mort.

Comment les arbres peuvent-ils continuer à être si verts, les oiseaux à chanter, le soleil à revêtir le ciel de si belles couleurs ?

Il est mort.

Non.

Il y a une seconde encore, tu aurais peut-être pu le sauver, le dissuader.

Non.

Ce n'est pas ce qui était convenu, te répètes-tu. Il t'a fait une promesse. Du moins, c'est ainsi que tu l'as interprétée. Tu seras présente pour sa mort. Il avait promis.

Non.

Il n'a rien promis, tu t'es fourvoyée. Il a promis qu'il déciderait de la date de sa mort. Il ne t'a jamais garanti que cela se déroulerait avec toi à ses côtés.

Non.

Il t'a trahie.

Il est mort. La phrase tourne et retourne dans ta tête, imprime la réalité.

Il est mort.

Mort.

28

Le chêne de Flagey

Ils sont tous là. Même ceux que tu n'as pas vus depuis des années. Même ceux dont tu cherches le prénom.

Pourtant, il n'y a eu qu'une annonce dans la presse. « On » s'est même arrangé pour ne pas en prévenir certains. Les années sont lourdes de souvenirs, la famille a souhaité se protéger des fantômes du passé. C'est raté.

Tu as beaucoup hésité à venir, partagée entre le besoin d'adresser un dernier au revoir à George et le respect de la volonté de ses parents. Tu t'es décidée la veille, dans l'urgence, tu as trouvé *in extremis* un siège dans la dernière rame du train en partance pour la Normandie.

Durant le trajet, l'angoisse te colle aux tripes, d'être en retard, de ne pas y être, de devoir y être, de les revoir. Tu repenses aux allers-retours que tu faisais sur cette même ligne, les paysages que tu pourrais décrire les yeux fermés, les bords de Seine, la brume au-dessus de l'eau et de la campagne, au petit matin. Les visages des habitués du train, leurs manies, les portes coulissantes, l'orange criard des portes de service. Tu somnoles entre passé et présent dans une absolue confusion.

Ton train arrive à l'heure, tu émerges brusquement de ta rêverie, sautes sur le quai et files chercher un taxi à la sortie de la gare, juste à droite en remontant, tu retrouves tes automatismes, tu as si souvent fait ce trajet.

Tu prends une grande inspiration et t'approches des premiers invités. Ils ne t'ont pas encore vue. Tu pourrais faire demi-tour, ils se diraient que l'ombre aperçue s'est trompée de cérémonie.

L'un d'entre eux se retourne, il te reconnaît. Tu t'approches, il t'embrasse, te serre dans ses bras. Les émotions virevoltent comme des confettis invisibles. Rémy. Son meilleur ami. Votre témoin de mariage. Les images du passé viennent se mêler à la réalité. Tu fermes les yeux un instant.

Tu voudrais pouvoir rembobiner et revenir à cette époque où vous étiez le roi et la reine de ce royaume. Tu voudrais qu'il pose encore son regard magnétique sur toi et t'enlace. Tu voudrais croire encore que tout est possible, que le monde est à vos pieds, que vous régnerez sur un univers de musique, de livres, d'amour. Tu voudrais gommer ces années qui vous séparent. Vous étiez si jeunes, on ne devrait pas pouvoir se réveiller de ses rêves de jeunesse. On devrait pouvoir s'y couler, heureux, insouciant, nonchalant, bercé par la douce brise d'un soir d'été.

Il t'appelle.

Réveille-toi. Ouvre les yeux. « Oui ?

— Tu n'as pas changé !

— Ah, merci c'est gentil. C'est sincère ? Doublement merci, alors. »

D'autres se sont approchés entre-temps et s'exclament. « Quoi, c'est toi ? » « Tu es venue ? » « C'est vrai, tu n'as pas changé ! » Ils sont là avec leurs gueules de quarante ans et leurs sourires d'adolescents, tous ces copains de longue date que le temps a marqués mais dont l'expression conserve une ardente jeunesse. Elle est toujours là, la petite flamme.

Il est là, le sourire dragueur de l'un. Il te proposait régulièrement de l'embrasser, juste comme ça, pour voir ou pour te consoler.

Et puis le sourire penaud de celui qui s'excusait invariablement d'être là mais a promis de ne jamais déranger, il a tenu parole. Depuis près de quatre décennies, il vit dans le sillage de son grand frère et le suit comme son ombre.

Le sourire deviné sous les verres fumés de celui qu'on appelle « le petit ». Il te paraît presque plus grand aujourd'hui que lorsque vous étiez encore tous des enfants. Des rides se sont dessinées sur son visage, mais il conserve son allure de jeune premier.

Le sourire frondeur de ceux qui brandissaient leurs *shurikens* pointus pour t'impressionner.

Tu sens bien qu'il suffirait de peu pour rallumer les lumières du château et rouvrir le bal. Tu as soudain envie de leur proposer de courir et de s'enfuir avec toi. Ça pourrait marcher. Ça aurait pu marcher.

Vous aviez de l'or entre les mains. Mais le royaume s'est effondré, et il n'y a désormais plus de retour en arrière possible.

La famille arrive.

Tu ne sais pas où te situer. Ni amie ni famille. Tu n'appartiens plus à aucune de ces catégories.

Depuis, tu n'as jamais eu de leurs nouvelles. La famille t'a effacée aussi facilement qu'on utilise la touche *Erase* d'un clavier.

Tu restes plantée seule au milieu de nulle part, avec ta valise en point d'amarrage. C'est rassurant, une valise. Assez rigide pour que l'on puisse s'appuyer dessus. Une béquille à la bancalité de ton existence.

Tu as toujours été celle qui voyage. Cela fait de toi une étrangère où que tu sois. Le statut de solitaire te pèse en cet après-midi d'été indien. Les lunettes de soleil sont comme des écrans de pudeur.

Un des frères s'approche de toi, il te caresse la joue. Son geste balaie tes doutes. « Allez, viens. »

Ton cœur se resserre mais tu es heureuse pour George. Tant de personnes, c'est de l'amour en barre. Cette énergie qui tourbillonne autour de toi se mêle à la lumière particulière de cette journée – la vie qui lutte pour briller encore un peu. Tu repenses à la lampe de chevet. Tu t'abandonnes quelques heures à la nostalgie, réponds aux questions des uns et des autres, tu parles de ton enfant, tu tais vos derniers sursauts avec George, la culture du secret te tient au corps, même après sa mort. Fière de montrer que tu avances, fière de montrer à quel point tu as tiré un trait sur votre histoire, tourné la page, oui, tu emploies même ces poncifs.

Tu ne regrettes rien de ce que vous avez traversé, ta vie est ailleurs désormais. Cet appel du passé, le dernier, tu en as senti le souffle sur ta joue, tout proche, trop près. Tu te sens rescapée. De toutes les vies parallèles que vous auriez pu mener, celle-ci est la seule qui t'aura permis de t'envoler, même si tu en paies le prix fort.

Vous avez répandu ses cendres au pied d'un chêne, dans sa forêt, celle des arts martiaux. Le chêne que j'ai peint était centenaire, je l'ai fait dépasser du cadre tant je voulais rendre hommage à sa force vitale. Sa majestuosité nous ramenait à notre piètre condition d'humains, il semblait se rire de ma mortalité si proche, de ma vie si courte. *Le Chêne de Flagey*. J'en ai passé des heures à le peindre, dans le jardin de la maison de mes parents. Tout proche d'Alésia, symbole de la naissance de la nation française. J'ai appris récemment que la bataille d'Alésia ne s'était en réalité pas tenue dans le Doubs, mais à Alise-Sainte-Reine, en Côte-d'Or, à quelque 170 kilomètres. J'ai souri de cet à-côté qui pourrait à lui seul résumer nos vies poursuivant parfois leur cours en dépit de notre désir d'en fléchir le tracé. Tout comme cet arbre avait poussé au milieu d'un champ sans vraiment y être invité.

Une question te hante. Au dernier moment, a-t-il regretté son geste ? tenté de crier à l'aide ? espéré un visiteur qui n'est pas venu ? vainement cherché à reprendre conscience ? Tu l'imagines allongé, le corps anesthésié, l'esprit prisonnier de cette enveloppe charnelle dont la vie s'échappe. A-t-il eu peur ? peur du néant ? peur de s'être trompé ? peur de la mort qu'il est venu chercher ? peur de ce qui l'attend après ? quel après ? Tu préfères penser que le sommeil l'a emporté avant. Jamais tu n'avais approché la mort de si près. Le non-retour. La défaite. L'absurdité de la vie. Dans un dernier frisson, a-t-il trouvé un sens à tout cela ?

Tu aspires de toute ton âme au repos de la sienne. J'ai encore plus de doutes que toi, et des motifs sérieux en ma qualité de vieux fantôme désormais, quant au caractère paisible de l'éternité...

Je vois passer George dans une dimension parallèle à la mienne, sans pouvoir lui parler. Je sais cependant qu'il pense à toi. Si incongru que cela puisse paraître, je l'entends aussi clairement que si nous étions l'un à côté de l'autre. Comme si, mû par une force invisible, un lien ténu s'était créé entre nous. Je suppose que j'ai fini par m'attacher à lui bien davantage que je ne me l'avouais. Il fredonne souvent « *I'll face it with a grin* », « j'affronterai tout cela un grand sourire aux lèvres ». Les paroles de Freddie Mercury sont autant de messages qui perdurent dans l'au-delà[1]. Quant à moi, j'en suis même venu à apprécier cette musique. Le fait que le chanteur ait fréquenté une école d'art me le rend sympathique. Ou alors, je me moque de tout, une forme d'indifférence croissante envers mon passé. Je sens bien que ma mission se termine. J'ai raconté votre histoire, le reste t'appartient désormais. Que pourrais-je encore accomplir ?

Au fond de moi, je ne suis qu'un peu d'amour et de pluie.

1. *The Show Must Go On*, Queen, 1991.

29

Portrait de Juliette

Tu en veux à ma chère Juliette d'avoir détruit ma correspondance amoureuse. Comme tu en as voulu à George de s'être débarrassé de vos échanges épistolaires – du vulgaire papier recyclable, voilà tout. Tu aimerais te souvenir de chaque mot et regrettes de ne savoir combler les failles de ta mémoire.

Tu as longtemps fantasmé nos liens invisibles, me lire t'aurait confortée dans cette intuition. Mais ma sœur était bien trop bigote pour cela. Elle a tenu à préserver mon œuvre autant que ma réputation. Mon autre sœur Zélie souffrait d'un ver solitaire qu'un rebouteux m'avait promis de guérir. J'ai écrit à mes sœurs que s'il pouvait aussi guérir Juliette de sa religion, nous serions sauvés. Bonne pâte, elle m'a toujours pardonné mes excès comme je lui ai pardonné les siens. Il me plaît de faire revivre son souvenir, ne lui avais-je pas promis que nous étions inséparables pour toujours ?

La famille de George est une bande de joyeux drilles, fracassée par une histoire compliquée. On lui trouverait volontiers des excuses si j'avais une quelconque accointance avec Sigmund. Certes, sa découverte de nos pulsions inconscientes relève de la création d'un mouvement majeur en psychologie au même titre que les courants dans la peinture. Mais je n'ai jamais éprouvé l'envie d'épouser ma mère ni toi de tuer la tienne. Et puis, je pouvais difficilement être en accord avec sa volonté que ses patients s'émancipent de l'image et de la symbolique pour mieux saisir le monde et eux-mêmes... Cependant, je lui reconnais de la pertinence à puiser dans l'enfance de George une explication à sa personnalité. Paradoxalement, toi et moi avons éprouvé le besoin de liberté, souhaité donner de la voix, là où tant d'autres ont continué à se taire.

Juliette avait honte de son frère, tout du moins c'est ainsi que j'imagine la réaction de ma sœur découvrant ma correspondance. Honte de mon orthographe approximative et phonétique. Le fait que j'écrive « toilles » les rendaient-elles moins belles ?

Honte de découvrir mes passions épistolaires avec Virginie et Joanna. Les a-t-elle toutes parcourues le rouge aux joues, la culotte légèrement humide et les palpitations au cœur ? Je le lui souhaite, j'ose espérer qu'elle n'a pas eu à subir ces lectures sans contrepartie, sans en tirer une certaine satisfaction personnelle. Cela aura forcément éveillé chez elle un grand embarras d'être émoustillée par les histoires de son propre frère. Même moi, j'ai oublié ce que j'y écrivais et je donnerais cher pour tout relire. Tout revivre, même, par procuration. La peinture comme l'écriture sont de véritables madeleines de Proust, ravivant les émotions, l'édifice immense du souvenir. Si j'avais pu peindre la *Recherche*, je l'aurais baptisée *Le Cabinet aux madeleines*. Au premier plan, Albertine, lascive, allongée sur une banquette, dégustant une tasse de thé d'une main, des miettes encore collées aux commissures de ses lèvres, déroulant de l'autre les « paperoles » du roman de Marcel, une légère brise donnant mouvement au rouleau de ces morceaux de manuscrit collés les uns aux autres. Le regard de Marcel serait détourné vers le peintre tentant désespérément de saisir les madeleines sorties du four dont Albertine se gaverait sitôt servies, une assiette vide et sale posée à son côté. Je les aurais tous deux représentés jeunes et insatisfaits, chacun exprimant son rot, son désir ou sa frustration.

Tu lui en veux d'être parti sans t'avoir écrit. Tu t'en veux de ne pas avoir été plus présente. Tu vous en veux d'avoir mis le feu au château. Tu aimerais tant qu'il te l'ait laissé, ce fichu mot d'adieu.

Tu pourrais l'écrire, toi, cette ultime lettre. Qui sait, peut-être la lira-t-il de là où il se trouve. J'y arrive bien, moi. Je commence à comprendre que ce n'est pas une simple lettre que tu aimerais lui écrire mais la somme de vos vies.

Tu pourrais démarrer par la version de Rémy, son comparse d'arts martiaux : « Enfoiré, tu es parti en avance, sans un mot, tu déconnes à plein régime, mec. Quand je pense au nombre de fois où je t'ai attendu et là, tu me plantes, tu ne viendras plus au rendez-vous ? Je fais comment moi, maintenant, avec ton ex ? »

Tu poursuivrais avec un pastiche : « Quand je me retrouvai seule chez moi, me rappelant que j'avais été faire une course l'après-midi avec George, que je dînais le surlendemain chez un homme aux cheveux longs, et que j'avais à répondre à une lettre d'un autre homme au patronyme renard, trois hommes que j'avais aimés, je me dis que notre vie sociale est, comme un atelier d'artiste, remplie des ébauches délaissées où nous avions cru un moment pouvoir fixer notre besoin d'un grand amour, mais je ne songeai pas que quelquefois, si l'ébauche n'est pas trop ancienne, il peut arriver que nous la reprenions et que nous en fassions une œuvre toute différente, et peut-être même plus importante que celle que nous avions projetée d'abord[1]. »

Adeline exprimerait ce qu'elle t'avait dit la dernière fois où tu lui avais parlé à cœur ouvert, la conversation signant

1. À la façon de Marcel Proust.

l'arrêt de mort de George et de votre amitié : « Tu appelles ça être un ami ? un amour ? Jusqu'à la fin tu lui auras gâché la vie. Tu nous auras manipulés jusqu'à ton dernier souffle. J'aurais honte à ta place. Bien sûr la colère est une forme de deuil, je sais merci, mais moi, tu ne m'auras pas avec tes grands discours. Allez, ciao, bon débarras ! »

Viendrait sa mère : « Mon petit chéri, qu'as-tu fait ? Ta belle jeunesse, ton talent, ton amour, qu'as-tu fait ? »

Son guitariste de toujours : « Ce mur que tu as bâti entre nous, même le riff le plus puissant ne pouvait en venir à bout. Bye bye l'ami. »

Ses nièces et neveux : « Avec qui allons-nous pouvoir jouer durant des heures aux jeux vidéo sans les parents, heureux de découvrir qu'on peut fort bien être adulte sans être vieux ? »

Tu tournerais ainsi autour du pot, tu peux être très forte à ce jeu, cette forme d'évitement, ton meilleur vernis. Cela commencerait par la formule de politesse : « Cher George, mon cher George, mon très cher George, George adoré, mon George, mon bel, mon terrible amour, amour perdu, mon double, mon négatif, mon âme sœur, salut toi, hello, salut ça va, ça farte, ça gaze là-haut ? Donne des news, bonne chance pour cette nouvelle page de ta non-vie, bon voyage, NPAI[1], erreur 404. »

1. N'habite plus à l'adresse indiquée.

Tu sens que tu dois lui dire adieu. Ce moment est venu. J'ai bien compris, va, tu as besoin que je m'efface et vous accorde cet ultime tête-à-tête.

George,

J'entends encore ton sourire énigmatique, la belle foutaise, je me sens la survivante d'un naufrage dont je suis désormais la seule témoin.

La boue trouble l'étang avant de lui rendre sa pureté lorsque l'agitation cesse. Je me suis noyée dans notre relation qu'il m'aurait plu de figer dans une toile de maître, de Gustave évidemment. Je sais expliquer les événements qui t'ont poussé à ce geste, je sais aussi que tu ne serais pas d'accord avec mon analyse, tu la qualifierais de psychologie de comptoir.

Comment pourrait-il en être autrement ? La seule fois où tu as admis ton erreur de jugement, il t'a fallu une chanson pour me l'avouer.

Je sais de quoi tu es fait, dans quel acier tu as dû tremper ton cœur pour affronter ce que tu désignais au gré des vers et revers de l'existence comme ton karma, une suite de déterminismes.

Tu n'as pas su nous préserver, malgré tes promesses éloquentes et pénétrées. Tu m'as abandonnée et c'est un roque, comment pourrais-je en vouloir à mon amour décédé ?

Tu es parti en dépit de ta croyance qui érigeait le suicide au rang de péché ultime. Tu étais arrivé à la limite de ce que tu étais capable de supporter. Tu as poussé la toute dernière note, à bout de souffle. À saturation.

Tu as lancé ce dernier pari sur l'immortalité. C'est toujours de cela qu'il a été question. Ceux qui partent et ceux qui restent. Ta promesse de nous rejoindre est affranchie de toute notion de durée. Le temps n'existe plus.

Tu as commis ce geste seul, dans un élan de courage infini, tu avais réalisé, et tu avais raison, qu'il m'aurait été impossible de me remettre de cette scène. Ta mort en direct.

Je me demande souvent si je n'aurais pas préféré. Cela m'aurait évité d'imaginer un cycle de renaissances sans fin pour tenter d'équilibrer nos destinées.

Ciao, l'artiste !

30

La mer en automne

Pour moi les déplacements ont l'odeur forte du cheval mêlée à la poussière dans une intensité sans commune mesure avec la douceur anesthésiante de vos vols. J'aime les voyages immobiles au cours desquels les lieux viennent à nous, telle une palette en perpétuel mouvement.

Mes souvenirs s'effacent de plus en plus mais je peux encore convoquer les parfums entêtants de la térébenthine, du bois d'un chevalet. Savais-tu que chaque couleur possède une odeur unique ? Le blanc que j'ai tant aimé peindre m'apporte les effluves délicats de la pivoine mêlée à l'ambre. Cela aussi est un voyage.

Quand je suis parti à Montpellier, rendre visite à mon mécène et ami Alfred[1], j'ai aimé découvrir la Méditerranée,

1. Alfred Bruyas, fils d'un riche banquier de Montpellier, également mécène d'Eugène Delacroix.

ses eaux chaudes et accueillantes qui provoquaient une sensation si différente de l'eau tumultueuse et piquante de la Manche ou de la douceur du lac Léman. La région m'a inspiré *La Rencontre*, tableau plus connu sous le nom *Bonjour Monsieur Courbet*, dont l'a affublé la presse satirique. Au travers de cette toile, on m'a reproché le pavillon du réalisme dans lequel j'ai pu exposer librement mes œuvres refusées à l'Exposition universelle de 1855. Mon art fut jugé pompeux et au summum de l'autosatisfaction. On a également avancé que ce que je peignais était une réalité triste et laide. Qui sont ces gens pour juger du beau ? Si je l'avais intitulée *Bonjour Alfred*, sans doute m'aurait-on reproché sa trivialité. Et qui se souvient encore de son nom ? Qu'il était beau pourtant, ce roux aux traits fins. Il a fait l'acquisition de mes chères *Baigneuses*, se moquant éperdument de ce que pouvaient dire les bien-pensants. J'ai adoré les voyages pour aller à sa rencontre, l'accueil toujours enthousiaste qu'il me réservait, ne cherchant pas à comprendre et juger mais à ressentir.

J'ai tellement ri en lisant ce que pensait de moi Alexandre Dumas fils : « De quel accouplement fabuleux d'une limace et d'un paon, de quelles antithèses génésiaques, de quel suintement sébacé peut avoir été générée cette chose qu'on appelle M. Gustave Courbet ? Sous quelle cloche, à l'aide de quel fumier, par suite de quelle mixture de vin, de bière, de mucus corrosif et d'œdème flatulent a pu pousser cette courge sonore et poilue, [...] cette incarnation du Moi imbécile et impuissant ? »

Je m'en suis d'autant plus amusé qu'il a plus tard cru détenir l'un des secrets les plus intrigants, celui de *L'Origine du monde*, en écrivant à une autre George, une femme celle-ci : « On ne peint pas de son pinceau le plus délicat et le plus sonore l'intérieur de Mlle Queniault [*sic*] de l'Opéra ».

Croyait-il sérieusement que je m'étais inspiré d'une seule et unique femme, ma propre maîtresse ? Pensait-il réellement que j'allais dévoiler aussi facilement le nom de la modèle de l'œuvre la plus subversive et, sans fausse modestie, la plus sulfureuse au monde ?

Son manque d'imagination flagrant l'a même fait passer à côté de l'essentiel – ce que représentait ma toile et que Lacan a dévoilé en faisant réaliser un cache sous la forme d'un paysage. Cette toile est une femme, une Terre, un Monde. Alexandre Dumas fils, maître ès pédanteries, n'a jamais su déceler dans mon *Origine* les grottes de la Loue que j'ai pourtant si souvent représentées. Finalement, je me sens plus proche de George Sand et sa *Mare au diable*, même si cette vision manichéenne du bien et du mal, du beau et du laid ne peut pas être plus infantilisante qu'un curé ordonnant à un enfant de chœur de s'agenouiller au nom de son Dieu.

Sans doute Dumas ne distinguait-il qu'un poisson sans vie dans mes natures mortes quand d'aucuns sauront y voir la pêche, le sang coagulé de la lutte pour la vie jusqu'à son dernier souffle, de celui qui n'a *pas voulu crever avant d'avoir goûté la saveur de la mort*[1]. Il aurait gagné à voyager davantage en dehors de sa pensée étriquée.

Quant à la presse dite sérieuse, même *Le Figaro* en a fait ses choux gras. Je ne suis pas loin de penser, comme l'un de vos précédents présidents de la République, que ce sont mes chiens, venus manger dans les écuelles que je leur préparais. Tout ce petit monde a disparu aujourd'hui. Mon univers aussi est bien vide, ces fantômes du passé s'effacent depuis quelque temps, je n'éprouve même pas l'envie de les retenir. On dirait que le ressac les a emportés, lors d'une de ces marées à très fort coefficient que seule la Manche peut offrir. Il y avait la mer un instant plus tôt, il n'en subsiste plus rien l'heure d'après. Tout est flou. Je m'arrime à toi.

La salle d'embarquement est déserte, tu observes le ballet des avions. Ton regard s'accroche à l'horizon.

À n'avoir jamais évolué, l'univers géographique et mental de George s'est petit à petit rétréci, limité à sa ville, à son appartement.

Et quand la prison lui a semblé vraiment insupportable, il s'est envolé.

---

1. *Je voudrais pas crever*, Boris Vian, Jean-Jacques Pauvert éditeur, 1962.

Tu penses à l'enfant qui est arrivé dans ta vie alors que George la quittait. L'enfant que tu voulais, qui figure dans ton seul avenir. Ce désir plus fort que George, plus fort que sa terreur, plus fort que ta propre peur. Ton évasion.

Tu divagues, tu essaies de dompter la nostalgie de ce passé dont tu es désormais l'unique dépositaire. Plus rien ne te retient, tu es seule maîtresse à bord.

Bientôt, je ne saurai plus qui j'étais, bientôt Gustave ne sera plus qu'un lien ténu entre toi et moi.

Demain, j'aurai tout juste deux ans, l'âge où l'apprentissage du langage efface les vies passées de notre mémoire d'enfant.

Je n'aurai plus cent cinquante ans, je n'aurai plus peint toutes ces toiles. Je serai neuf. Ton enfant. Je sens déjà que tout s'estompe et que j'éprouve des difficultés à me souvenir de qui j'étais. Cela m'effraie, que vais-je devenir ? À qui vais-je pouvoir me raccrocher ?

« Maman », m'exclamé-je, apeurée.

Tu te retournes et me souris, me tends la main.

« Viens, Cassiopée, il est l'heure. »

La play-list du roman

Still Loving You, Scorpions, EMI

A Different Corner, George Michael, Epic

Adagio, Concerto in D minor, Johann Sebastian Bach, Glenn Gould, Sony

This Town Ain't Big Enough for Both of Us, Sparks, Island Records

Love Is Blindness, Jack White (version originale : U2), bande-son du film *The Great Gatsby* de Baz Luhrmann, Interscope Records

The Promise You Made, Cock Robin, Columbia

Through the Barricades, Spandau Ballet, CBS

Lovesong, The Cure, Fiction Records

Back to Black, Amy Winehouse, Island Records

You Have Been Loved, George Michael, Virgin

Love Don't Live Here Anymore, Madonna, Sire, Warner Bros. Records

Jamming, Bob Marley, Tuff Gong Island
I'll Never Love Again, Lady Gaga, Interscope Records
The Sound of Silence, Simon & Garfunkel, Columbia
Hallowed Be Thy Name, Iron Maiden, EMI
Nothing Else Matters, Metallica, Elektra Records
The Show Must Go On, Queen, EMI
Crime of the Century, Supertramp, A&M
Les Pêcheurs de perles, Bizet
Boléro, Ravel
Breathe Me, Sia, Systemtactic
Tu es ma première, Alek Novak, maquette personnelle

Les œuvres de Gustave Courbet présentes dans le roman par ordre d'apparition

Le Désespéré, collection privée

L'Homme à la pipe, musée Fabre, Montpellier, France

Les Amants dans la campagne : sentiments du jeune âge, Petit Palais, Paris, France

La Femme au perroquet, Metropolitan Museum of Art, New York, États-Unis

La Femme à la vague, Metropolitan Museum of Art, New York, États-Unis

L'Origine du monde, Musée d'Orsay, Paris, France

Les Amants heureux, musée des Beaux-Arts, Lyon, France

Les Baigneuses, musée Fabre, Montpellier, France

Courbet au chien noir, Petit Palais, Paris, France

Le Château de Chillon, musée Courbet, Ornans, France

La Femme aux bas blancs, Fondation Barnes, Philadelphie, États-Unis

Les Demoiselles des bords de la Seine, Petit Palais, Paris, France

Version peinte par Pablo Picasso, Kunst Museum, Bâle, Suisse

Les Demoiselles de village, Metropolitan Museum of Art, New York, États-Unis

Le Naufrage dans la neige, en alternance à la Hugh Lane Gallery, Dublin, Irlande, et à la National Gallery, Londres, Angleterre

L'Atelier du peintre, Musée d'Orsay, Paris, France

L'Homme à la ceinture de cuir, Musée d'Orsay, Paris, France

Le Retour de la conférence, toile disparue

Les Casseurs de pierres, toile probablement détruite en 1945 en Allemagne

L'Hallali du cerf, musée des Beaux-Arts, Besançon, France

Le Coucher des conférenciers, musée Courbet, Ornans, France

Biche forcée sur la neige, toile disparue, une copie est visible au Walters Art Museum, Baltimore, États-Unis

Jo, la belle Irlandaise. Il existe quatre versions de cette toile. L'une d'elles a rejoint une collection privée en Suisse ; une autre se trouve au Metropolitan Museum of Art, New York, États-Unis ; une troisième au Nationalmuseum, Stockholm, Suède, et la dernière est exposée au musée d'Art Nelson-Atkins, Kansas City, États-Unis

Le Sommeil, Petit Palais, Paris, France

La Falaise d'Étretat après l'orage, Musée d'Orsay, Paris, France

La Voyante, Musée Courbet, Ornans, France

L'Homme blessé, Musée d'Orsay, Paris, France. La toile présente un repentir, celui de Virginie, que l'on ne distingue pas à l'œil nu.

Le Rêve (*Le Hamac*), musée Oskar Reinhart « Am Stadtgarten », Winterthour, Suisse

La Mort de Desdémone, Menard Art Museum, Komaki, Japon

Le Chêne de Flagey, musée Courbet, Ornans, France

Portrait de Juliette, Petit Palais, Paris, France

La Mer en automne, musée d'Art Ōhara, Kurashiki, Japon

Références bibliographiques

Une curiosité juridique : la loi Courbet, Yves Capron, 1972

Les Fleurs du mal, Charles Baudelaire, 1857

Remerciements

Merci à Gustave de m'avoir tant inspirée depuis cette première rencontre au travers de la couverture d'un livre.

Merci à mes vivants amours d'accepter la présence des fantômes dans nos vies.

Mis en pages par DV Arts Graphiques à Saint-Nazaire,
cet ouvrage a été achevé d'imprimer
par Présence Graphique, à Monts,
pour le compte de S. N. Éditions Anne Carrière
57, rue Gaston-Tessier – 75019 Paris
en mars 2024

Imprimé en France
Dépôt légal : avril 2024
N° d'édition : 1125 – N° d'impression : 032478056